JEAN GUITTON
de l'Académie française
JEAN-JACQUES ANTIER

LE LIVRE DE LA SAGESSE ET DES VERTUS RETROUVÉES

PERRIN

ISBN, 2.262-01299-7

À Marie-Louise
À Yvette

« Je n'ai pas peur de parler de morale. Le mot "morale" a disparu de notre vocabulaire, comme si c'était un mot qui faisait peur. La morale civique commence par la morale tout court. Le bien et le mal, le respect de l'autre, sont des valeurs qu'il faut enseigner en tant que telles, sans aucune réserve. »

Claude ALLÈGRE
Ministre de l'Éducation nationale

Avant-propos

Faire naître une espérance

Ce livre est né d'une conversation impromptue avec Jean Guitton, dans son appartement qui fait face au jardin du Luxembourg. C'était une de ces somptueuses soirées parisiennes de l'automne, où le soleil couchant teinte les arbres d'or et de pourpre. Une émotion intense me saisit, non pas à l'idée d'un monde végétal qui va mourir à cause de l'hiver, mais d'un approfondissement en vue d'une prochaine renaissance.

Soudain, le philosophe rompit le silence. Des paroles étranges sortaient de sa bouche. Il disait que des choses extraordinaires se préparaient en ce monde et il regrettait de ne plus y être quand cela se produirait. Il parlait de *mutation* de l'espèce humaine.

Fasciné, je contemplai le cher visage de ce presque centenaire, de ce sage qui m'avait tant apporté. Puis je vis passer une ombre dans son regard visionnaire. Inquiet, je demandai :

— Qui dit mutation dit souffrance ?

Il ne répondit pas. Son regard demeurait tourné vers l'intérieur. J'insistai :

— Que faudra-t-il faire ?

Il eut alors ce mot :

— Revenir à l'éthique. S'y accrocher comme à un radeau dans la tempête. Une nouvelle arche de Noé !

L'*éthique*. Ce mot ancien souleva en moi des réminiscences scolaires. Aristote, Spinoza ! L'éthique, la morale, la science des vertus, tout un monde oublié, mais comme on oublie les fondations d'une maison. On ne les voit pas, mais elles demeurent, fondement incontournable, un peu comme Dieu.

« Revenir à l'éthique. » Pendant des semaines, l'idée mûrit en moi. Puis, avec l'aide d'amis, elle germa. Un jour, je présentai au philosophe le synopsis du *Livre de la sagesse et des vertus retrouvées*. Son visage s'éclaira. Il sourit. Il revivait sa jeunesse de prof de philo dans un lycée, à Troyes, à Moulins, à Lyon, plus tard dans les universités, à Montpellier, à la Sorbonne. Puis il secoua la tête. Je m'attendais à ce qu'il dise quelque chose comme : « Je suis trop vieux ! »

Il se mit à réfléchir. Enfin, de cette voix haut perchée, un peu haletante, où la rapidité de la pensée essoufflait la parole :

— Oui, il faut parler de la sagesse, fondement des vertus ; retrouver les sources essentielles. Les faire jaillir.

Il hésita. Puis il reprit avec force :

— Mais aujourd'hui, on ne peut plus imposer. Il faut intéresser et faire naître une espérance. Montrer la vertu comme un beau paysage : un sommet neigeux, un lever de soleil, ou un coucher, comme ce soir sur le Luxembourg. La beauté ! La beauté, au fond, et la bonté, c'est la même chose. J'ai vécu pour cela.

Il dit encore :

— Un petit livre qui ne prétendrait pas apprendre

quelque chose, mais éveillerait les esprits à cette sagesse, sans laquelle il n'y a pas de bonheur, ni même d'existence.

L'enthousiasme me gagnait.

— Un livre d'avenir ! À travers la présentation d'une sagesse oubliée, exposer les problèmes passionnants de ce troisième millénaire, qui n'est sombre que pour ceux qui démissionnent d'avance.

Il reprit :

— Nous sommes saturés d'information, comme jamais on ne l'a été. Cette surinformation finit par déstabiliser le mental. Ce qui manque, c'est le jugement, le discernement, la capacité de dire ce qui est bon et ce qui est mal. L'art de se conduire, après une synthèse objective de l'information. Pour cela, il faut acquérir une sagesse.

C'était parti. Il s'y donnait de tout son cœur, avec la joie d'un enfant. Il avait retrouvé une raison de *vivre* et soudain il s'écria :

— Il me faut réussir ma sortie !

Le travail commença. Je songeais à ce mot d'Albert Camus : « Jean Guitton apporte de la clarté aux idées les plus délicates et c'est un effet du grand style. Il met de la chaleur dans les abstractions et de la passion dans l'objectivité. C'est un effet de l'âme. »

Enfoncé dans un vieux fauteuil au velours usé, je l'écoutais.

— Ce qui est le plus en péril à notre époque, ce sont les attaches qui jadis reliaient l'esprit à la chose, l'homme à la nature, le fils à la mère, le citoyen à la patrie, les exercices de l'esprit à l'existence ordonnée, grise et splendide ; le pays, la terre, la religion vécue dans le temps, l'*incarnation*, en somme, sous toutes ses espèces et ses formes.

Et *les* vertus. Non pas *la* vertu, terme vague, souvent hypocrite, mais tous ces efforts où le beau, le bien, le vrai s'incarnent dans une vie humaine, en créant de l'harmonie entre les êtres et les choses. Il poursuivit :

— Ce qui est refuge, sein, secours, asile, forêt, bois, terre, tout cela tend à disparaître. Nous n'avons plus de paix, mais des excès qui se succèdent et se compensent. Le respect, la pudeur, la mesure, la simplicité ont disparu. Et les mères.

— Pas seulement les mères. Les pères, aussi, et les maîtres.

— Oui. C'est pour moi un sujet de surprise et d'effroi. À l'heure où sur cette planète l'espèce pensante passe par une crise sans pareille, la plupart des guides de la pensée nous proposent un univers absurde, où tout se terminerait à rien. De nos jours, les peuples ont soif d'un autre aliment et la jeunesse se lasse du nihilisme. On ne peut pas vivre et survivre sans raison de vivre.

Il se leva, contempla avec nostalgie les rayons dégarnis de sa bibliothèque. Depuis un an il donnait tous ses livres, ses trésors ; il se détachait, il tendait vers l'essentiel. Il en tira un petit volume usé, chercha la page.

— Dans une lettre écrite à sa mère quelques jours avant sa mort sur le front de France, le 5 juillet 1914, Ernest Psichari disait : « La vie est difficile pour l'âme d'élite qui a le désir de bien faire et qui est seule. »

Et je pensais : « Si la vie est difficile pour l'âme d'élite et toutes les âmes de bonne volonté, elle l'est bien plus encore pour tous ceux qui cherchent sans le savoir avec au cœur l'aspiration confuse d'un autre avenir. »

Ce fut un trait de lumière, un appel à poursuivre. Unir les concepts du philosophe (qui a aussi des émotions) et l'émotion du journaliste qui colle à la vie de tous les jours, telle était désormais l'ambition de ce livre.

Où va l'humanité ?

Je n'avais pas oublié l'intuition prémonitoire qui l'avait fait naître : *la mutation*. Je demandai :

— Où va l'humanité ?

— Elle est à la veille d'une transformation majeure. Oui, une mutation. Proposition optimiste. Les pessimistes, quant à eux, pensent qu'elle court à la catastrophe, à une autodestruction générale, à un suicide collectif. C'est dire que la survie de ce phénomène aléatoire qui s'est emballé, la vie humaine, n'est pas acquise d'avance, car le progrès moral et spirituel n'a pas suivi le progrès technologique, matériel et intellectuel. Tenons-nous-en aux faits pris dans le temps en considérant la dynamique de notre évolution. Il a fallu cent mille ans à l'homme préhistorique pour créer un outil et inventer le feu. Tout se passait alors comme dans les sociétés d'insectes, où rien ne bouge. Puis l'homme prit son destin en main et inventa *le progrès*. Il fallut tout de même cinquante ans pour passer de la voile à la vapeur. Aujourd'hui, une auto, un avion, un ordinateur sont dépassés en quelques années.

— Et cela vous fait peur ?

— Cela m'interroge. On assiste à une accélération

exponentielle du savoir, dans tous les domaines. Grâce aux moyens de communication de plus en plus rapides, l'information est devenue instantanée et universelle. Tout a changé. On est passé de la civilisation de l'écrit à celle de l'image, bien que l'écrit demeure l'expression fondamentale de la pensée. Mais le support du savoir, qui était le papier, fait désormais une large place au disque laser, un seul CD ROM enfermant deux cent mille pages de livres, accessibles à tous. Parallèlement, avec la machine, l'automatisation remplace de plus en plus la main humaine. Et demain, un homme seul, assis devant son ordinateur, aura accès à la totalité du savoir.

— Mais il n'y a pas de quoi être pessimiste. Au contraire !

— Bon en soi, ce processus du progrès technique, le règne des ordinateurs, la spécialisation à outrance, l'omniprésence des machines engendrent des nuisances qui finissent par mettre en péril la structure même de nos civilisations : chômage, fossé entre les peuples qui ont réussi leur décollage industriel et le tiers monde laissé-pour-compte, pollutions engendrées par le machinisme, par la recherche du rendement agricole et par le nucléaire, surarmement des nations, surpopulation des pauvres face à la régression démographique des riches, menace du terrorisme, l'arme imparable des pauvres, on est partout dans le superlatif. Et, ce qui est plus grave encore, face au progrès technique exponentiel, la race humaine ne connaît presque aucun progrès d'ordre moral.

Vers une mutation, mais laquelle ?

Il perçut mon angoisse. Il la ressentait lui-même, comme l'exprimaient sur les murs les visages des philosophes qu'il avait peints : Paul Valéry, Teilhard de Chardin, Heidegger, Bergson. Il reprit :

— L'humanité est confrontée à une situation qu'elle n'a jamais connue. On ne sait pas ce qui nous attend et on n'a pas de modèle pour affronter ce péril. Il reste très peu de temps pour s'y préparer. Nous entrons les yeux fermés dans un temps métaphysique. Or cela, personne ne veut en entendre parler. On préfère demeurer dans ce que Pascal appelle « les solutions de divertissement ».

— Est-ce votre réponse à la question : « Où va l'évolution ? »

— Oui. On constate que le vivant évolue vers une complexité croissante, accompagnée, chez l'homme, d'un éveil puis d'un élargissement de la conscience. Je suis de ceux qui pensent que la plus haute conscience culmine dans l'expérience mystique.

— On est donc aux antipodes d'une évolution purement technologique ?

— Je n'en critique que les excès.

Je risquai :

— Les sages suggèrent d'arrêter le progrès, de faire une pause, pour permettre à la conscience morale de rattraper son retard.

— S'arrêter ? Impossible, puisque tout le monde n'a pas tout. Quelque chose, ou quelqu'un, nous force en coulisse à avancer. Nous avons la démangeaison des ailes, comme disait Socrate. Nous ne naviguons plus sur un large fleuve tranquille. Il est devenu un torrent resserré entre deux falaises, sans échappatoire possible. On ferme les yeux, on se bouche les oreilles. Mais les plus éveillés, sens en alerte, entendent déjà le grondement de la cascade, le Niagara vers lequel le fleuve Vie se précipite.

— Vous l'entendez ?

— Oui. Les signes négatifs abondent. Ils montrent la nécessité de changer. Ils disent : « Cela ne peut plus durer : les inégalités, l'incapacité de la société qui se prétend la plus avancée du monde de donner un emploi à ses jeunes ; les villes inhumaines entourées de banlieues désespérées ; l'éclatement de la famille, la dégradation des mœurs, la corruption des édiles, la violence, le racisme et la haine. Il est significatif que l'*automation*, progrès matériel décisif, au lieu de produire des loisirs utilisés par tous pour se cultiver, pour vivre en profondeur et découvrir la richesse de notre monde intérieur, redécouvrir l'amour, produise au mieux une majorité de gens gavés, abêtis par la télévision, au pire des laissés-pour-compte, graines de révoltés, de drogués, de délinquants. J'excepte une petite minorité d'êtres qui ont su garder et développer les vraies valeurs.

Je suggérai :

— En fait, ce qui est menacé par ce progrès exponentiel, ce ne sont pas seulement les *existences* : les corps, les villes, les nations ; mais aussi les *essences*.

— Oui. L'*essentiel* est mis en question. Non seulement notre modèle physique de l'univers, sa vision mécanique et matérialiste, remise en cause par la théorie quantique ; mais aussi l'amour, la famille, la procréation, la vie, l'éducation, la culture, le sens de la vie, la définition de la nature humaine et naturellement *Dieu*, cause première et dernière.

Pour la première fois, le mot qui le hantait était prononcé. Je risquai :

— Si, comme nous l'espérons, le monde n'est pas régi par le hasard, on peut se demander pourquoi le Créateur, qui a autorisé le progrès matériel, ne l'a pas accompagné du progrès moral, pour éviter la confusion ?

— Chateaubriand a répondu à cette objection : « Les catastrophes terribles n'ont jamais manqué de suivre la corruption des mœurs. Dieu a peut-être combiné l'ordre physique et moral de l'univers de manière qu'un bouleversement de ce dernier entrainât des changements nécessaires dans l'autre. » Là est notre espoir.

Quel est le but de la vie ?

Je posai alors une autre question fondamentale :

— Mais quel est le but de la vie ?

Il hésita longtemps avant de répondre.

— En simplifiant, on pourrait dire que le but de la vie est la vie elle-même. En tant que créature physique, animale, j'ai soif d'exister, je recherche la vie, le plaisir, et je fuis la souffrance, la mort. Mais je suis plus qu'un animal. En tant qu'homme, être moral, je cherche le bien : le devoir, la justice, parfois la sainteté. En tant qu'artiste, je recherche le beau, qui est pour moi la splendeur du vrai et l'image du bien. En tant que philosophe, ma raison de vivre est le vrai. Les trois phases de l'idéal sont donc le bien, le beau, le vrai. Un mot résume tout cela : *l'amour*.

— Il est évident que l'amour est le but de la vie !

Mon enthousiasme le fit sourire.

— Mais qui est capable de réaliser le mot sublime de saint Jean : « Il suffit d'aimer » ?

— Les problèmes auxquels l'homme est confronté sont immenses. Et les questions : quelle est la réalité ? L'univers est-il une « machine », ou des faisceaux d'énergie mis en œuvre par une vaste pensée ? Quelle est la substance de la matière ? Où commencent et où finissent les frontières qui bornent notre réalité : l'infiniment petit dans l'atome, l'infiniment grand dans le cosmos ? Qui en est le créateur et qui gère le système ? Quel est le rôle de l'homme dans cet ensemble, le rôle de la chair, de la matérialité ? Et quelle est la substance de l'esprit ? Que signifie l'union de l'âme et du corps, ce mélange — ou cette cohabitation — apparemment impossibles ? Pourquoi y a-t-il quelque chose plutôt que rien ? Dès lors, quelle est la signification de l'univers et de la vie, la place de l'homme dans le cosmos, ma place, la vôtre ? Et la vie spirituelle, ce sommet côtoyant cet abîme infini ; la liberté, cette pulsion si fragile, si menacée ? Faute de pouvoir répondre à ces questions de base qui découragent l'homme de science et parfois le philosophe, on est bien obligé de se rabattre sur cette question pratique que nous posions : sommes-nous à la fin ou au commencement du monde ? Sommes-nous au seuil du néant ou de l'éternité, via une mystérieuse mutation ? Sommes-nous les derniers ou les premiers chrétiens ? Les derniers ou les premiers hommes ?

Sur le mur, un portrait de Pascal peint par Jean Guitton. Dans son regard passaient toutes les interrogations de l'humanité. Le philosophe poursuivit :

— Tout plaide en faveur de la seconde hypothèse, même si nous ne savons pas encore ce que nous serons demain. Et puisqu'il est donné à l'homme de choisir entre l'*absurde* de la négation et le *mystère* du oui consenti à l'amour, je choisis le mystère, je choisis le Tout plutôt que le Rien, je choisis l'Amour, le plus grand événement de la condition humaine, la mutation par excellence, non pas imposée, mais offerte ; je choisis la joie et le bonheur. Je choisis l'existence, cette essence si vulnérable et pourtant indestructible. Je choisis la liberté.

— « Je choisis tout ! » disait Thérèse Martin.

— Je me prépare ainsi à accueillir la mutation, dans le désir, le tremblement et l'espérance.

Périr ou muter vers le haut

Cette idée du libre choix entre l'absurde et le mystère me tourmenta toute la nuit. L'emballement du progrès scientifique, accompagné de la dégradation des mœurs, ne pourrait pas se poursuivre longtemps avec la même accélération. Et ils auraient bientôt pour résultat de faire surgir, dans cette clarté éblouissante que donne l'abîme, la nécessité d'un choix entre le néant et l'être. L'humanité n'avait plus que deux voies devant elle : ou périr ou s'élever, se transformer ; la jeunesse s'épuiser par le sexe, la drogue, les excès de toutes sortes, ou redécouvrir l'Amour, source de toute espérance.

Quand je le revis le lendemain, le philosophe m'accueillit joyeusement :

— Il faut d'abord examiner ce qui doit disparaître : l'éphémère, la mode, les excès ; et ce qui doit apparaître. Garder les trésors du passé dans ce qu'ils ont d'essentiel et de permanent, l'évolution graduelle, la continuité. Nous adapter à l'éternelle jeunesse des générations tout en préservant l'essence, et son élan créateur. Maintenir une certaine idée de l'homme, comme un pilote la direction du navire dans la nuit ; sauver et savourer l'essence.

— Soyons clairs. Il n'y a pas une mais deux mutations à venir : promouvoir l'esprit qui doit prendre le pas sur la matière, et promouvoir l'amour.

— Promouvoir l'esprit par l'amour, et réciproquement. Cette option optimiste, exaltante, implique notre participation active et personnelle. Étant créés libres, nous ne serons pas « sauvés » sans nous. Et pour franchir le seuil fatal, on ne pourra plus s'en tenir à des solutions de compromis. Il n'y aura que deux manières de résoudre les problèmes posés par la survie de notre espèce : la *subversion* ou la *conversion*. C'est à dire l'état de trouble générateur de chaos et de mort, ou le passage à une organisation du monde enfin harmonieuse, c'est-à-dire spirituelle et fraternelle ; amoureuse.

Je songeai : « Voici deux mille ans, délai infime par rapport à l'existence de l'espèce humaine, le Christ est venu, envoyé, dit-on, par les dieux, ou par Dieu — peut-être était-il Dieu lui-même, épouvanté par les résultats de sa création — pour nous donner cette clé, qui s'appelle l'*amour*. » Je demandai :

— Comment franchir ce passage ?

— Je vous l'ai dit : par un retour à la vertu.

— Ce mot n'est pas très à la mode !

— Il l'a longtemps été. Il le redeviendra, autant par goût que par nécessité. Partout dans le monde, l'argent de la corruption tente d'étendre son empire. Les vertus sont comme les briques qui composent la demeure morale.

— Encore un terme qui ne passe pas.

— Il s'agit de savoir si on veut le plaisir ou si on veut la vie.

— On veut les deux et c'est bien légitime.

— Il s'agit donc de choisir un certain plaisir qui ne soit pas en opposition avec les lois de la vie et sa mystérieuse finalité. Il s'agit de redonner à la vertu une fraîcheur, à la sagesse un dynamisme, à la morale une splendeur. Les fruits escomptés apporteront la joie. Qu'on le veuille ou non, il faut faire un choix.

Je murmurai :

— Un choix. Dans la vie, face aux pulsions, nous sommes en permanence confrontés à des choix où l'on fait appel à la prudence, à la raison. Selon que le choix est bon ou mauvais, on récoltera le rire ou les pleurs. Mais que signifie aujourd'hui la sagesse ?

— Être sage, c'est savoir choisir entre le bien et le mal, ou tout au moins entre le moindre mal et le plus grand mal, entre ce qui réussit et ce qui échoue. Savoir discerner.

— Ce qui n'est pas donné à tout le monde. Pourquoi ?

— Le discernement n'est pas donné, il s'acquiert. Aujourd'hui, le mot « morale » revêt en effet une consonance négative parce qu'il implique une contrainte qui semble aller à l'opposé du rêve de liberté. La difficulté vient de ce que la morale, la règle, la vertu, sont les conditions pour accéder à la liberté, la vraie, et finalement au seul bonheur durable.

— Mais on ne veut pas passer par ces conditions. Selon le mot de Mai 68, on veut tout, tout de suite et sans effort et « il est interdit d'interdire ». D'où cette vague de permissivité. Comment en est-on arrivé là ?

— Pour accéder à l'âge adulte, l'enfant doit penser par lui-même. Ce passage difficile implique des remises en cause. On doute un peu, beaucoup. Bref, on doute.

— Et dans le doute, on ne croit plus à rien.

Le doute engendre la permissivité

Le philosophe jeta un coup d'œil sur un petit tableau représentant un visage malicieux de femme symbolisant l'« ambiguïté ». Puis il reprit :

— Il est politiquement à la mode d'être permissif, c'est-à-dire de ne plus être intransigeant. Aux certitudes religieuses, morales et scientifiques d'autrefois tend à se substituer une sorte d'inquiétude et d'incertitude. Le doute est aussi à la mode, à l'image des nouvelles théories de la physique des quanta. Même dans les Églises on n'enseigne plus une vérité absolue venue de Dieu, qui valait jadis aux catholiques le reproche d'intolérance. Certains vont plus loin encore, remettant en cause tout ce qui dans la morale vient de la loi et des conventions les plus sacrées selon l'apparence : les liens domestiques, les règles de la conduite entre hommes et femmes, l'usage des biens, la propriété, l'éducation, les espérances et les rites de la religion, l'idée de la dualité humaine et de la faute, en somme toutes ces superstructures que l'on confondait peut-être avec la Vérité.

— Sous prétexte de respect de la personne humaine, de libéralisme et de liberté, nous allons jusqu'à vanter ce que hier encore nous méprisions chez nos adversaires. N'ont-ils pas beaucoup à nous apprendre ?

— Mais alors, tout paraît entaché du doute. Nous avons perdu confiance en ce qui jadis faisait notre fierté et assurait notre paix, puisque nous possédions la vérité en plénitude. Et nous avons progressivement cessé d'y croire : certains points obscurs de la foi ; tout ce qui dans la morale paraissait attenter à la liberté, tout ce qui pouvait choquer les gens athées ou débauchés. N'ont-ils pas eux aussi le droit de vivre selon leur « morale » à eux, même si elle est égoïste ? Nous avons rejeté le sens du péché, le jugement divin après la mort, la nécessité, en tout cas l'utilité du sacrifice, l'acceptation de la souffrance. Du moins, si nous adhérons encore secrètement à ces « vertus », nous n'en parlons plus.

— Eh bien, parlons-en, sans honte ni complexe. Notre but sera de suivre le conseil de saint Paul : tout examiner et garder ce qui est bon, ce qui réussit. On sortira ainsi du doute rongeur et l'on forgera des caractères adultes, aptes à la vie et au bonheur.

Jean Guitton répliqua avec force :

— Il ne s'agit pas de maintenir à tout prix les pans vermoulus de la tradition, mais de renouer avec la tradition de la raison, avec le legs de la morale naturelle ; toute cette fidélité à la tradition antique gréco-romaine et judéo-chrétienne, qui a donné, dans cette civilisation occidentale, une part de bien qu'il faut préserver :

liberté, générosité, droits de l'homme, fraternité, sincérité, justice, honneur, les racines du respect de soi et des autres, l'amitié. Se refuser à admettre que l'égoïsme et la médiocrité puissent l'emporter sur l'amour et sur l'intelligence. Cela exige que l'on renonce à prendre sa revanche et son repos dans la critique ; que l'on s'engage soi-même dans ce qu'on dit et dans ce qu'on fait. Qu'on nourrisse en soi l'expérience du meilleur, que l'on garde comme un bien sacré le désir d'accomplir de grandes choses en commun.

Les jeunes et la morale

Cependant, une question ne cessait de m'interpeller.

— Les jeunes accueilleront-ils ce message ? Lorsqu'on les interroge, on perçoit chez eux une aspiration au bonheur, à la vie, mêlée à une profonde angoisse.

— La jeunesse qui réfléchit a toujours été plus ou moins angoissée.

— Mais elle avait des repères qui lui permettaient de s'équilibrer. Aujourd'hui, sauf exception (on pense aux Journées mondiales de la jeunesse), elle n'en a plus guère. Elle ne reconnaît plus aucun guide, aucun maître. Alors, les problèmes de la vie : le travail, la politique, le monde, l'écologie, lui paraissent insolubles. Quant à la tradition qui avait soutenu ses aïeux, elle lui semble lointaine, inadaptée aux temps nouveaux.

Jean Guitton laissa errer son regard un instant et répondit :

— La morale apprend à l'enfant que sa liberté

s'arrête là où commence celle des autres. Autrement, il n'y aurait pas de vie sociale possible. Ce serait la loi de la jungle, où le plus fort dévore le plus faible. C'est un peu ce qui se passe dans certaines banlieues. Lorsque la morale, les règles du jeu, sont refusées par une forte minorité de révoltés, la loi de la jungle s'impose. La société n'est bientôt plus viable, elle va vers son autodestruction. L'insécurité entraîne la fuite des cadres, ce qui achève de déstructurer la société. La révolution, la mutation, c'est de substituer l'amour à la haine, le don de soi à l'égoïsme. Les jeunes comprennent parfaitement cela. Ils peuvent être si généreux lorsqu'ils adhèrent à un grand idéal !

Je risquai :

— Malgré des signes inquiétants de débordements, il me semble qu'au moins une sorte de morale utilitaire progresse dans le monde. Étant plus libres, les jeunes sont moins hypocrites, et certains comprennent que leur intérêt n'est plus dans le laisser-aller et dans la combine mais dans un changement radical de mentalité. Mais il faut aller plus loin. Semer chez les jeunes le goût de l'âpre, du fort, du difficile, voire du sacrifice, n'est pas une tâche impossible, à condition de s'y prendre tôt, ce qui implique qu'il n'y ait pas de démission parentale.

— Faire de la morale aux jeunes ne servira à rien si ce n'est sous-tendu par l'exemple des aînés et par leur amour désintéressé et discret. L'amour, c'est la clé pour en sortir, et pour muter.

Faire de la morale ou donner de l'amour ?

« Aime et tu vivras », dit le Dieu de l'Alliance. Ce que reprend saint Jean : « Nous savons que nous sommes passés de la mort à la vie parce que nous aimons nos frères. » Quand il reçoit un jeune paumé, un drogué, Stan Rougier se dispose d'abord à l'aimer : « Intérieurement je me répétais : "Seigneur, donne-moi de l'accueillir. Fais que je l'aime." Je me rendais compte que j'allais lui faire de la morale ! »

André Comte-Sponville exprime cette nécessité vitale de donner et de recevoir l'amour : « Nous n'avons besoin de morale que faute d'amour, et c'est pourquoi, de morale nous avons tellement besoin ! Mais nous n'en sommes pas capables, et nous ne ressentons ce besoin que par le peu d'amour, fût-ce de nous-même, qui nous a été donné, que nous avons su garder, rêver, ou retrouver. » Et il ajoute : « On ne naît pas vertueux, on le devient, par l'éducation, par la morale, par l'amour[1]. »

De nos jours, les connaissances submergent. Plus que jamais on aurait besoin non de savoir, mais d'exemples et d'idées lumineuses et simples, illustrant des principes directeurs. Il s'agit d'étudier dans l'expérience que nous offre l'humanité quelques points concrets. Les étudier avec acharnement et espérance.

Nous ne sommes pas deux à écrire ce livre. Nous y introduisons des témoignages de tous les auteurs qui nous font partager leur espérance et leur amour. Sans oublier, ici ou là, le clin d'œil du sceptique, du

1. André Comte-Sponville, *Petit traité des grandes vertus*, PUF 1995, pp. 294-297.

critique, du grincheux, du râleur, tant il est vrai que l'ombre est inséparable de la lumière. Et si nous recherchons les trésors de la tradition, c'est dans un esprit non conformiste.

On y trouvera une sagesse discrète, qui borne ses affirmations à l'expérience : une sagesse inspirée où tous les hommes, toutes les femmes de bonne volonté pourront se reconnaître, et plus particulièrement les « petites âmes », chères à Thérèse de Lisieux, douces, austères, discrètes, attentives à bien faire et à aimer.

Saint Paul était conscient de la difficulté de l'entreprise, lui qui écrivait humblement : « Je sais que le bien n'habite pas en moi, je veux dire dans l'être de chair que je suis. En effet, ce qui est à ma portée, c'est d'avoir envie de faire le bien, mais pas de l'accomplir. Je ne réalise pas le bien que je voudrais, mais je fais le mal que je ne voudrais pas. » (Rom., 7, 18, 19.)

Ce changement profond de soi, c'est cette lutte de tous les jours, avec des hauts et des bas. Chaque jour, la vie recommence, pour un nouveau départ, dans la certitude que le changement du monde commence par le changement de soi.

Amour

Mots associés : passion, érotisme, affection, amitié, tendresse, bienveillance, charité. *Antonymes :* haine, indifférence, agressivité.

Citations : « Aime et fais ce que tu veux. La mesure de l'amour, c'est d'aimer sans mesure. » (Saint Augustin.) « Aimer, c'est se réjouir. » (Aristote.) « L'homme libre est une nécessité toute pleine d'amour. » (F. Nietzsche.) « L'amour est au travail, il est infatigable. » (Milan Kundera.)

Définition : L'amour (du latin *amor*) est un élan, physique, sentimental ou spirituel, qui porte un être vers un autre, en vue d'une jouissance ou d'un don. C'est le moteur de la vie : il la crée et il donne le plaisir. L'attraction sexuelle est commune à l'animal et à l'homme. Elle porte à la reproduction des espèces, mais chez l'homme elle peut être séparée de cette fonction. Elle risque alors d'être pervertie, mais elle peut aussi être transcendée.

On distingue trois types d'amour, susceptibles de s'imbriquer les uns dans les autres :

1. EROS (érotisme). C'est l'amour charnel, sexuel. Le désir physique de l'autre s'exprime par la passion amoureuse, vécue souvent dans le manque et la souffrance.

2. PHILIA (amitié). L'amour charnel évolue vers l'amour-tendresse. Il n'est plus seulement un instinct animal, ou une concupiscence. Il se donne. Il est joyeux, épanoui. C'est l'amour conjugal accompli et celui que l'on porte à ses enfants et réciproquement. C'est aussi l'amitié. Toutefois, il demeure plus ou moins intéressé.

3. AGAPÈ (charité). C'est l'amour donné sans recherche de contrepartie. Il est le bien par excellence. Les croyants trouvent sa source en Dieu, qui est amour.

Il y a donc opposition entre l'amour-éros de concupiscence et de convoitise, et l'amour-philia, ou agapè, qui sont amours de bienveillance et d'amitié. On veut du bien à quelqu'un, au lieu de le posséder. Les deux sentiments sont le plus souvent juxtaposés.

L'amour-éros n'est pas une vertu. « C'est une affaire de sentiment et non de volonté, dit Kant, et je ne peux aimer parce que je le veux, moins encore parce que je le dois ; il s'ensuit qu'un *devoir d'aimer* est un non-sens. » Effectivement, « l'amour ne se commande pas puisque c'est l'amour qui commande [1] ».

Mais au fur et à mesure que l'on avance dans la sagesse et la vertu, on se détache des désirs égoïstes, on s'élève aux degrés de l'amour. On n'aime d'abord que soi, puis l'autre, puis les autres. Ainsi, « la bienveillance naît de la concupiscence puisque l'amour naît du désir, dont il n'est que la sublimation joyeuse et comblée. Cet amour-là est une vertu : vouloir le bien d'autrui, c'est le bien même [2]. »

C'est l'idéal. « L'idéal de la sainteté », souligne Kant. Il nous guide et nous éclaire. C'est une vertu, puisque c'est une excellence. Et, miracle, « l'amour, qui accom-

1. A. Comte-Sponville, *op. cit.*, p. 294.
2. *Ibidem*, p. 349.

plit la morale, nous en libère ». « Aime et fais ce que tu veux », dit saint Augustin.

L'amour est donc le commencement de tout.

Dialogue

J.-J. Antier — D'où vient l'amour ? Vient-il seulement de l'instinct animal, comme le prétendait Freud ? Je ne peux arriver à le croire. Vient-il alors de quelque ailleurs, et lequel ?

Jean Guitton — Dans le *Cantique des Cantiques*, ce chant érotique égaré dans l'Ancien Testament, juifs et chrétiens voient une allégorie de l'amour divin, *comme s'il n'y avait qu'un seul amour*. J'interrogeai Bergson, opposé à la théorie de Freud. À ses yeux, les anciens ne connaissaient pas pleinement l'amour de l'homme pour la femme, cet amour conjugal monogamique qui s'est découvert par le christianisme. Il s'agit de savoir ce qui fut à l'origine et par où s'est faite l'irruption de l'amour sur la terre. « Or à mes yeux, me répondit Bergson, ce n'est pas la chair qui a commencé, c'est l'esprit. Ce n'est pas l'amour charnel qui a commencé, c'est au contraire l'amour divin. Et si les mystiques prennent nos expressions aux amants terrestres, ils ne font que reprendre leur bien. »

JJA — Mais vous n'avez pas dit ce qu'est l'amour.

JG — L'amour est une exaltation tranquille de la volonté qui s'unit à ce qu'elle désire et qui en jouit par avance. Mais aimer n'est pas avoir. Pour aimer, l'éloignement, la privation, la quête incertaine sont favorables. C'est ce qui fait qu'il entre un peu de souffrance dans la composition de l'amour. Et même si l'on possède en amour, on souffre de ne pas posséder davantage. On veut alors aller plus loin dans la possession. Mais il y a aussi dans l'amour une joie, une jouissance, comme si ce qu'on désire, on en disposait déjà. C'est pourquoi on ne peut rien faire sans aimer.

JJA — Doit-on vraiment appeler amour ce mouvement qui nous porte à jouir des êtres, ou bien au contraire celui qui nous porte à nous sacrifier pour eux ? Il y a bien deux sortes d'amour et il faut deux mots pour les distinguer : *éros* et *agapè*.

JG — Eros, c'est le frisson de l'instinct vital ; le sexe. Cet amour de concupiscence prend pour fin son intérêt, il cherche la jouissance plutôt que la joie. Il n'aime pas vraiment l'autre, mais s'aime lui-même à travers sa relation avec l'autre. Cette déviation de l'amour qui parle à nos sens désigne l'appétit déréglé du sensible. Cette manière d'aimer pour soi se retrouve dans tous les attachements. L'agapè (ou charité), nous pousse au contraire à nous donner à un autre, à nous réjouir de son bien, à imaginer un tout dont on est seulement une partie.

JJA — Alors, comment aimer ?

JG — Pour aimer, il faut dès le commencement se trouver au terme, posséder l'avenir qui n'est pas. L'amour contient donc la foi et l'espérance. L'amour s'incarne dans l'attachement de l'homme et de la femme. Cette manière de vouloir ce qu'on n'a pas, en s'identifiant à lui par une sorte de charme, s'applique à tout, de proche en proche. Même à soi-même. Mais s'aimer d'un amour supérieur, c'est se vouloir dans son meilleur état, s'unir d'avance à ce qu'on sera.

JJA — Il y a donc un conflit entre la chair et l'esprit. Comment le résoudre ?

JG — Par la sublimation. L'amour humain est une essence vouée à l'incomplétude. Elle ne peut conserver son identité avec elle-même qu'en changeant de forme, d'esprit et de nature. Ce changement se fait en hauteur. Il intègre le passé (l'instinct) et la chair dans une réalité plus haute. La sexualité est alors enveloppée dans l'esprit. C'est le mystère de tout amour de laisser monter jusqu'à soi des symboles qui lui sont inférieurs et de les assumer dans sa lumière. C'est dans cette opération transformante de l'amour à l'égard de la chair qu'il faut rechercher une solution au conflit de la chair et de l'esprit. Le rôle de l'esprit est d'assumer et de sublimer ce qui doit être spiritualisé dans la matière et dans la vie, de préparer ainsi une métamorphose des énergies de l'univers.

JJA — Quels sont les effets de l'amour ?

JG — D'abord la joie. La jouissance est la joie en exercice. Elle loge un degré au-dessus de la possession, car on peut posséder sans jouir, mais non jouir sans vraiment posséder. L'enthousiasme est le sentiment que l'on éprouve lorsqu'on sent au fond du cœur, comme un dieu caché, le principe qui vous anime et qui permet de créer. La ferveur est aussi un fruit de l'amour. Elle concerne la hâte, l'intensité, l'allure vive et chantante de celui qui espère et qui croit. La tendresse, la douceur, la fidélité sont aussi les effets de l'amour.

JJA — Nous n'avons pas parlé des amours enfantines.

JG — Il y aurait beaucoup à dire. Elles ont des joies et des chagrins qui contiennent l'essence de tout amour. Ce sont les plus vives des amours et des douleurs, parce qu'elles sont toutes pures.

JJA — Entrons maintenant dans le mystère profond de l'amour, dans toutes ses expressions, de la chair à l'esprit.

AMOUR CHARNEL (EROS)

Amour charnel, sexualité, libido, amour passion, c'est Eros, le dieu de l'amour chez les Grecs, fils d'Aphrodite, déesse de l'amour et de la fécondité.

Tout part d'un mythe antique, celui de l'androgyne, un être humain complet. Pour des raisons inexpliquées (révolte contre le créateur ?), l'androgyne aurait été coupé en deux, donnant mâle et femelle, désormais voués à se chercher pour s'unir et retrouver l'unité. Ce désir porte à l'amour charnel, fusionnel, l'éros. Il se fonde donc sur l'idée que l'unité originelle nous précède. Idée religieuse, aussi (retour de l'âme à Dieu), ou idée freudienne (unité perdue mère-enfant), idée biologique, enfin (en matière de vie, tout commence par la division d'une cellule).

Si l'union (association) de deux êtres est possible, la fusion ne l'est pas. Au-delà de l'accouplement, la réalité et l'unité du moi persistent. La fusion idéale ici-bas impliquerait l'effacement de l'ego, ce qui reviendrait à mourir.

Plus scientifiquement, l'amour charnel est une pulsion instinctive inscrite dans nos gènes. Elle porte l'homme et la femme à s'unir dans le but de procréer, c'est-à-dire de perpétuer la vie en la renouvelant par le mélange aléatoire des gamètes, cellules sexuelles mâle ou femelle. Pour ce faire, la sexualité utilise les appâts du désir et du plaisir, auxquels il est difficile de résister.

L'amour-éros, l'amour de concupiscence, n'a donc rien d'une vertu et si nous en parlons ici c'est qu'il est le premier mouvement de ce phénomène immense qui mène à l'agapè, l'amour-charité.

L'amour charnel n'est donc pas une fusion, mais la rencontre délicieuse de deux solitudes. C'est déjà beaucoup quand c'est réussi ! L'essence de l'amour charnel est la quête, née du désir d'un manque, « car l'amour est désir et le désir est manque », dit A. Comte-Sponville [1].

Cependant, l'amour charnel n'est jamais rassasié, puisque le désir est sa nécessité. Rassasié, il devient triste, ce n'est plus l'amour. Il ne renaît qu'avec le retour du désir, du manque. Il ressemble à la soif.

Dialogue

JJA — L'amour sexuel est donc une invention de la nature ou du Créateur pour nous inciter à perpétuer l'espèce. Mais dans l'espèce humaine, il est beaucoup plus que cela. La majorité des relations sexuelles se fait en dehors de toute idée d'enfantement. Pour le plaisir. Et que pensez-vous de l'amour-passion, qui emporte tout l'être ?

JG — L'amour-passion, c'est un feu, un brasier, qui brûle plus qu'il n'éclaire. Il prend sa racine dans un mouvement primitif inconscient, dans un incident que l'on n'aperçoit pas. Il est l'émergence à la conscience d'une préhistoire instinctive. L'amour n'est plus alors fondé sur le choix intime et le don réciproque, mais sur les métamorphoses d'un élan lié à la vie.

1. A. Comte-Sponville, *op. cit.*, p. 305.

JJA — L'amour charnel est donc une réalité de feu avec laquelle il est redoutable de jouer, comme l'énergie nucléaire, dont l'usage peut être bénéfique ou maléfique. D'où tire-t-il sa puissance explosive, disproportionnée avec l'objet, le corps ?

JG — L'amour-passion est une aberration de pureté qui s'exerce en hauteur, d'où sa puissance de séduction. Oui, il y a disproportion entre le rapport de l'homme et de la femme et les effets de cette relation sur le psychisme humain. Lorsqu'un phénomène est hors de proportion avec l'antécédent qui le produit, lorsqu'une poudrière saute pour une étincelle ou lorsqu'un empire se disloque pour un grain de beauté sur un visage, c'est la preuve que l'amour est l'instrument qui met en branle une force latente qui le dépasse.

JJA — Cette force, c'est la Vie ! Tout aussi surprenant est le hasard qui semble la déclencher.

JG — Freud l'a nommé *libido*, une force inconnue, analogue à la « concupiscence » des théologiens, une puissance qui suscite en nous des mondes. Un moyen pour l'espèce de vaincre la mort.

JJA — Mais comment expliquer ce phénomène ?

JG — L'amour pourrait comporter deux faces : l'une ordinaire, l'autre idéale, cachée aux sens. L'une temporelle, l'autre intemporelle. L'amour servirait de prétexte pour insérer dans le temps et la durée une semence éternelle. L'éros, c'est le sacré à l'état brut. Il n'aurait d'autre explication que métaphysique, par l'impuissance de l'explication physique elle-même. Pour expliquer l'amour, il faut aller bien au-delà de l'amour.

JJA — La clé de la crise que l'humanité subit n'est-elle pas là ? Ce conflit entre la chair et l'esprit ; l'esprit qui veut s'incarner dans un corps rebelle à l'esprit ?

JG — C'est cela. La source de l'angoisse et la crise de la condition humaine qu'elle suscite viennent de ce conflit. Cette dualité inscrite dans l'espèce paraît insurmontable. On a cru que la morale chrétienne, la pression sociale, les tabous, en limitant les débordements de l'instinct, allaient supprimer les angoisses qu'avec Freud on croyait suscitées par les refoulements de ces instincts. Mais ce n'est pas ainsi que l'on retrouvera l'innocence. On ne retrouvera pas le paradis en faisant l'économie du *sacrifice*.

JJA — Autrement dit, l'homme est double, comme pris entre la bête et l'ange.

JG — C'est évident. Il est même dédoublé. L'un, suprasensible et de type mystique, et l'autre infrasensible de type sensuel. Cette dualité est inscrite dans notre nature avant toute spécification morale, qui n'a qu'un rôle d'encadrement, dicté par la sagesse, qui travaille à l'unité de l'être. Elle va apparaître clairement avec le christianisme, qui prétend substituer l'agapè (la charité) à l'éros, ou, mieux, prolonger l'éros vers l'agapè. Dès lors, il y aura conflit dans la mesure, c'est une loi de nature, où il ne peut coexister dans l'esprit deux valeurs, deux amours. Une valeur moindre est consumée par une valeur plus forte.

JJA — Mais la chair ne se laisse pas faire ! C'est pourquoi vous avez parlé de sacrifice ?

JG — La résistance, le refus de la chair de reconnaître la prééminence de l'esprit, tente de se justifier et de se sublimer, ce qui la rend difficilement discernable. Le conflit s'y dissimule et tend à ne plus apparaître devant la conscience.

JJA — Voilà bien le refoulement cher à Freud ! Le mal-être que l'on observe dans nos sociétés viendrait donc de la négation de ce conflit, plus que du conflit lui-même ?

JG — Je le pense. Cette négation aboutit à multiplier en nous et dans la société les états anormaux, ambigus et sous-humains. Mieux vaut reconnaître la division de cette intimité où elle existe, quitte à la surmonter par le sacrifice, la vertu, la sagesse, hors desquels, d'ailleurs, le plaisir reste aléatoire.

JJA — Le christianisme n'a donc pas créé mais révélé cette dualité, et de ce fait il l'a accentuée. D'où le reproche de ceux qui refusent la grande loi de l'évolution, qui tend vers la spiritualisation de l'espèce. Le sacrifice est-il la solution pour en sortir ?

JG — Il faut subordonner la chair à l'esprit, acte de renoncement d'une partie de nous-même au profit d'une partie plus haute. L'esprit ne peut coïncider avec deux mouvements contraires. Si sacrifice il y a, il promet des jouissances supérieures.

JJA — Ce qui signifie qu'en matière sexuelle on ne peut pas faire n'importe quoi. Mais comment faire comprendre cela ? Comment oser toucher à la liberté des mœurs sans être rejeté dans la catégorie des passéistes arriérés ? Certes, tout le monde condamne le viol, la pédophilie et l'inceste. Faut-il aller plus loin ? L'Église prône la fidélité des époux, la continence pour la régulation des naissances, la chasteté pour les fiancés et vis-à-vis du sida. Est-ce sagesse ou idéal inaccessible ? Chez les païens, l'amour libre n'était pas un vice. L'Église en a fait un péché, il a été refoulé et l'esprit s'en serait trouvé empoisonné. Que répondre à cela ?

JG — Recherchons l'origine de cette crise. Le Christ a fondé l'amour de l'homme pour une seule femme. C'était révolutionnaire. L'amour conjugal devenait un attachement profond, tendre et durable d'un seul pour une seule. Il a pris ainsi sa dimension spirituelle.

JJA — En quoi était-ce révolutionnaire ?

JG — Chez les anciens Grecs il y avait deux sortes de femmes : une matrone mère des guerriers et une femme aux carrefours pour apaiser le sexe. Respectée, la femme au foyer n'était pas l'amante et il fallait les deux femmes pour satisfaire l'homme de l'antiquité. L'acte sacré de procréation et le plaisir, l'assouvissement du désir, étaient séparés.

JJA — On retrouve cette division dans la société bourgeoise occidentale, jusqu'au XXe siècle. L'homme avait une femme respectable à la maison, la mère de ses enfants. Et lui prenait son plaisir à l'extérieur, il entretenait une maîtresse dont il changeait selon sa fantaisie.

JG — En Israël, jadis, la femme est restée longtemps la pièce la plus précieuse du cheptel, que l'homme dominait. La polygamie était autorisée, largement pratiquée par les rois. La femme était esclave.

JJA — Elle l'est encore dans certains pays musulmans traditionnels. Au fond, tout a changé lorsque la femme a obtenu l'égalité avec l'homme.

JG — Le Christ a revendiqué l'égalité de l'homme et de la femme au nom de leur création originelle : ils sont les enfants de Dieu. Dès lors, la femme n'est plus seulement une mère d'enfants, elle devient épouse. La fidélité réciproque des époux devient la loi morale, dans l'égalité.

JJA — Mais voilà la notion de péché introduite, bête noire de Nietzsche, de Freud et de tous les « libertins ».

JG — C'est ici que s'articule la révolution du sexe, là où la dignité de la femme rejoint la liberté de l'homme. Ce titre de pécheresse est une sorte de dignité noire. Il élève la femme jusque dans sa chute. Son état de bassesse peut toujours être retourné et Madeleine, la réhabilitée de l'Évangile, a le premier rang après Marie parmi les femmes. Ainsi, Jésus ne condamne pas Eros mais au contraire il l'invite à s'accomplir en se purifiant, en s'incarnant dans un être particulier.

JJA — Et c'est alors que le vieux mâle se rebiffe !

JG — L'homme est toujours porté à dissocier l'extase et le plaisir. Il veut d'un côté la ferveur et de l'autre la jouissance. Il lui faut un être pour le pur amour courtois et un autre pour le plaisir.

JJA — Ce qui nous ramène au conflit entre la chair et l'esprit.

JG — C'est pourquoi certains ont voulu libérer l'homme de l'empire du sexe en le réduisant à la bagatelle. Mais l'instinct sexuel ne se laisse pas mépriser. Il nous laisse beaucoup moins libre que la bête.

JJA — La bête, justement ! On dit du jouisseur qu'il est comme une bête. Mais rien n'est plus faux.

JG — En effet. Chez l'animal, l'instinct sexuel est régulier, soumis au rythme cosmique. Dans l'espèce humaine (surtout chez l'homme) il est excitable d'une manière quasi continue. Délié des nécessités vitales, il apparaît à temps et à contretemps. On dirait que chez l'homme l'instinct se débraie de la vie pour s'embrayer sur l'esprit, pour perturber les rapports de l'esprit avec la vie.

JJA — Oui, c'est étrange. Chez l'animal il y a le *besoin* et chez l'homme le *désir*. L'instinct animal règle facilement le besoin : l'animal s'accouple surtout au printemps pour la reproduction. L'homme est continuellement sollicité par le désir.

JG — La différence est considérable entre la charge du besoin et l'élan du désir, entre l'appel physiologique et l'invite psychique. Et ce désir est si vif qu'il va sans cesse au-delà du besoin, il substitue même au besoin un désir hallucinatoire, beaucoup plus difficile à vaincre, car on résiste mal au vertige de l'image.

JJA — D'où le danger des images pornographiques que charrient les supports médiatiques à des fins mercantiles. Le fait est là : ce monde est submergé par un érotisme de bas étage. Les rappels pathétiques du pape et de quelques moralistes ressemblent à ce solo de flûte dans la *Symphonie pastorale* de Beethoven. Personne ne les entend, sinon pour s'en indigner ou s'en moquer. La discipline chrétienne du sexe proposée pour conserver l'amour — le vrai — est-elle trop lourde pour l'espèce humaine ?

JG — Répondre affirmativement serait abaisser la vocation de l'homme, qui est de transcender l'instinct, dans la liberté. Nous vivons une période intermédiaire de l'évolution. L'homme, après avoir abandonné l'instinct animal, saura-t-il se prendre en charge dans son intérêt supérieur ? Le devoir du pape comme de toutes les autorités morales est de rappeler les options transcendantes.

JJA — Ce qui ne plaît pas à tout le monde.

JG — Il se peut que les défenses exaspèrent le sexe et nous fassent entrer dans les voies ténébreuses de ce que Nietzsche nomme le vice. Est-ce la faute du christianisme de rappeler l'être à sa vraie nature, source de son bonheur pour lui et pour l'espèce incarnée et pensante ? Oui, il invite le feu sexuel à se discipliner, comme il l'est chez la bête par nature et non par liberté et raison. Il tourne ce feu vers un autre être libre et raisonnable. Et alors Eros devient Agapè, sans cesser d'être Eros, en nourrissant Agapè de son feu.

JJA — Si l'homme est libre de son destin, rien n'est assuré. Êtes-vous optimiste pour l'avenir ?

JG — Le XXe siècle finissant a osé aborder ces rivages interdits. Il a défini les éléments d'une sexologie capable de transformer l'économie de l'amour, le statut de la famille, les mœurs, voire la morale. Mais des perspectives presque innommables menacent de transformer la condition humaine. Nous sentons l'amour menacé, et la paternité et la maternité. Devenu en effet maître de son destin, l'homme peut dégrader l'amour et le réduire à l'insignifiance. Il peut aussi le sublimer. L'amour est et doit demeurer difficile. Il doit être soumis à l'attente, à l'absence, à la souffrance. Il est bien différent de la sexualité, qui en elle-même est sans mystère et sans oblation.

JJA — Cet amour vrai est fort comme la vie !

JG — Lorsqu'il éclate, il est aussitôt placé au-dessus des conventions et des différences sociales. Et quand un roi ou un milliardaire donneraient toute leur fortune pour acheter l'amour d'une femme, ils ne la possèderaient pas. L'amour est libre par essence, étant une image de la liberté divine. C'est cela qu'il faut préserver.

JJA — D'où le mariage, le pacte conjugal sacralisé, dont nous allons maintenant parler.

AMOUR CONJUGAL

Nous avons vu que l'amour-passion (éros) se caractérise par le désir violent de ce qu'il n'a pas. Dans la possession, le désir tombe, car il est comblé. Comment conserver le bonheur, la joie, puisqu'il n'est de joie que d'aimer ? Tout le problème est que cela dure. C'est l'art conjugal par excellence, qui n'exclut pas l'éros mais le canalise. Quand on aime et que l'on est aimé, on souhaite partager. Le partage implique l'absence d'égoïsme, clé du mariage réussi, durable.

Mais comment garder l'amour, échapper à l'habitude, à la sclérose, à la morosité ? En réalisant le meilleur de ce qui est en nous et que l'autre attendait de nous. En donnant au moins autant que l'on prend, car si l'amour charnel est possession, l'amour conjugal est aussi don, réciprocité. Sinon, « l'amour ne sera qu'un pitoyable bien-être à deux, une longue sottise » a dit Nietzsche. L'homme cherchera en vain le plaisir et la paix, la femme demandera en vain la passion et le bonheur et, faute de les trouver chez eux, ils les chercheront ailleurs. Il faut quelque chose de plus pour supporter la vie commune.

Le mariage réussi, c'est le bonheur d'être ensemble en pleine lucidité et bienveillance. C'est l'amitié et la tendresse, « la complicité, la fidélité, l'humour, l'intimité du corps et de l'âme, le plaisir visité et revisité, la bête acceptée, apprivoisée, à la fois triomphante et vaincue », dit André Comte-Sponville. C'est encore « deux solitudes si proches, si attentives, si respectueuses, comme habitées l'une de l'autre, soutenues l'une par l'autre, joie légère et simple, familiarité, paix, lumière, regard de l'autre, silence, écoute, force d'être deux [1] ».

1. A. Comte-Sponville, *op. cit.*, p. 338.

Le secret d'un tel bonheur ? D'abord, on a renoncé à « n'être qu'un », mythe de l'éros dévorant dans la palpitation du désir égoïste. On a renoncé à l'amour fou pour entrer dans l'approfondissement de l'amour sage et vrai. C'est ici que l'amour devient vertu, sagesse.

L'habitude n'est pas le seul ennemi de l'amour conjugal. Le déséquilibre s'insinue dans le couple, lorsque l'un ou l'autre montre un esprit de domination sans concession. C'est alors soit l'écrasement si l'on n'a pas la force de partir ou que l'on se sacrifie pour les enfants ; soit la rupture. C'est au plus fort d'en prendre conscience à temps pour entrer dans la dynamique du don de soi. Comme dit Pavese dans son journal, « tu seras aimé(e) le jour où tu pourras montrer ta faiblesse sans que l'autre s'en serve pour affirmer sa force ». Et, renonçant au pouvoir, à l'avoir, à l'ego, « tout le reste vous sera donné de surcroît ». Le reste : l'Amour, le vrai, « l'éternel féminin qui vous tire vers les cieux ». (Goethe.)

Comment faire l'amour sans l'user, tel est le défi de l'amour conjugal qui dure et qui survit au comblement du désir ; qui nous guérit de la passion pour nous ouvrir au bonheur.

Dialogue

JJA — Ces définitions sont-elles « démodées » ? Et pourtant, on perçoit dans les nouvelles générations comme un frémissement. On se marie de moins en moins à l'Église et même à la mairie. On observe toutefois un regain d'intérêt pour le *sacrement* du mariage. Est-ce une nostalgie ou un réveil ?

JG — Les deux. Lorsqu'ils constatent la vie réussie

de leurs grands-parents, les « noces d'or » fêtées dans le bonheur, les jeunes s'interrogent sur le mariage idéal. Il devient à leurs yeux plus qu'une formalité administrative ou une illusion amicale. Se sentir dans un état de vie définitif, appuyé sur le roc de la promesse, dans une union substantielle.

JJA — Parlons d'abord des fiançailles. Pas de mariage à l'essai. Vous voulez de vraies fiançailles chastes, comme on les souhaitait, autrefois ?

JG — Oui.

JJA — Dans les métiers, on commence par un apprentissage. Même les moines, les moniales ont un temps de noviciat avant les vœux. Pourquoi excepter le mariage, où l'engagement est plus intime ?

JG — Il s'agit de savoir si la connaissance prénuptiale est une vraie connaissance, source d'un véritable amour. Les fiançailles devraient ressembler au printemps : un temps de retard et d'attente, une promesse dont on est sûr qu'elle sera tenue. La première phase de l'amour est une initiation, de surprise et de mystère. Il est bon que l'amour de l'homme et de la femme ne commence pas au hasard et n'importe comment dans le dérèglement des sens, mais qu'il connaisse un départ à la fois visible et secret, un moment initial longtemps attendu, solennel et rituel, où s'entrelacent la joie et la gravité, l'attente et le don.

JJA — En matière de fiançailles, on se rencontre et on s'aime. Trop souvent on s'accouple sans se connaître vraiment.

JG — Je me suis souvent demandé lequel de ces deux actes : connaître, aimer, était le plus difficile dans la relation entre deux êtres ; lequel intervenait d'abord.

Désormais, je crois que pour aimer il faut d'abord se connaître. Ceci plaide en faveur des fiançailles.

JJA — La cérémonie du mariage accomplie, les époux s'envolaient pour la « lune de miel ». Pourquoi la lune ?

JG — L'idée commune est que le plein, le parfait de l'amour ne dure pas plus qu'une lunaison.

JJA — Lune *de miel.* Est-ce toujours de miel pour l'épouse ?

JG — On observe ici la différence entre l'homme et la femme. La partie mâle a quelque chose de plus sauvage. L'autre est plus passive, moins facilement éveillable au plaisir. Ce n'est pas un accord qui puisse s'opérer par surprise ou violence. Il faut du temps, du respect et la concession de la force à la douceur. Cela ne peut se réaliser qu'avec une délicatesse où entrent la maîtrise de soi, le sens intime de l'autre. Nous vivions dans un univers tout entier, sauf exception, occupé par le mâle. Le temps est venu où la femme entre dans son humanité. Ce progrès transforme l'expérience de l'amour, qui devient plus humain, plein de respect et de silence, où deux solitudes se partagent, se limitent et s'honorent.

JJA — Naturellement, s'il est nécessaire, l'accord physique du couple ne suffit pas pour fonder un amour durable.

JG — Non. L'esprit est premier par rapport à la chair. Et les deux sont un, ce qui est le merveilleux mystère d'un amour sanctifié par le serment et, pour les croyants, par la prière.

JJA — Puis c'est le bonheur de la vie à deux.

JG — Cette communauté totale des premiers temps offre chaque jour des merveilles. La femme rassure l'homme par son bon sens, par sa fraîcheur ; l'homme rassure la femme par sa force. Il y a complémentarité des caractères, des dons et des talents. Les caractères scrupuleux et angoissés trouvent enfin leur plénitude. La conscience morale, au lieu de nous être intérieure, apparaît sous les espèces de l'être aimé. Alors elle est plus indulgente. Le mot bonheur prend un sens quotidien.

JJA — Et lorsque l'enfant paraît ?

JG — Il ne peut pas ne pas modifier profondément l'amour. Par sa présence il le recrée, il le légitime, il l'incarne. Ainsi l'amour réapparaît par l'enfant sous la forme d'un être issu de l'amour.

JJA — Chacun trouve son équilibre dans ce partage des dons, des tâches et des responsabilités, dans le cadre du *foyer*. Un mot ancien, bien nostalgique.

JG — Mon foyer, c'est mon « intérieur », comme s'il était le dedans de moi, alors qu'il en est la carapace. Il permet ma vie secrète. J'approuve ces êtres enracinés qui ne peuvent bien vivre que dans un intérieur. La femme dans la maison donne à ce qu'elle assemble une espèce de couleur amicale et protectrice. Elle métamorphose, comme les saisons. Elle renouvelle l'identique, le fait apparaître autre.

JJA — Il y aura naturellement des heurts de caractères.

JG — A ce premier stade, ce qui pourrait diviser est aussitôt aperçu et apaisé par le geste même de l'amour. La femme est là, dans la maison, image de ce qu'il y a de durable, de permanent dans le temps qui, pourtant, passe.

JJA — Oui, il passe. L'amour sera-t-il durable ? Le serment est-il toujours éternel dans un monde sujet à tant de mutations ? Les chiffres sont là, inquiétants. En France, un couple marié sur trois divorce. Si l'on tient compte de l'union libre, on va bien au-delà : cinquante pour cent des couples de moins de trente ans ne sont pas mariés. Autrefois, on divorçait rarement. Aujourd'hui, on le fait au nom de la liberté et par refus de l'hypocrisie. Est-ce un phénomène irréversible de société ?

JG — Lorsque deux personnes vivent dans une communauté telle qu'aucune solitude avec soi n'est permise, aucune contrefaçon n'est possible, il arrive un moment où l'on ne peut plus s'ignorer. Le conjoint met au jour les manies, les difformités, tout ce qui se cachait au départ, non seulement les petits défauts et les médiocrités menues, d'indiscernables mensonges, bref la poussière de toute vertu et de toute existence, mais parfois aussi de graves défauts de caractère.

JJA — Ce qui devrait amener le couple à la tolérance, à la bienveillance, dans l'humour, et à faire un effort sur soi pour changer.

JG — Il faut comprendre les ressorts de la crise. L'amour s'est refroidi. La cohésion du couple s'en trouve ébranlée. D'abord, on tente de se dissocier amiablement sous les apparences de l'ancien amour et de juxtaposer deux vies jusqu'à la mort. On reste ensemble, mais le fait est là : l'amour se fissure. On tente de masquer cet échec. Le couple peut alors durer, transformer l'amour en association, l'union en une juxtaposition, le ménage en un groupement d'intérêts médiocres, uni par l'habitude. Il peut se faire un partage des égoïsmes et des dévouements. L'homme devient suractif. La femme sent s'éveiller une sensualité seconde, toute nouvelle pour elle, comme si elle voulait épuiser une coupe qui va lui être ôtée. Une affection soudaine se déclare pour un tiers admis au foyer, sorte de maternité ambiguë. L'idée sournoise de recommencement possible avec un autre partenaire se présente. Pourquoi se lier à jamais ? Ne pourrait-on choisir à nouveau et se refaire une vie ? Est-ce un devoir de renoncer au bonheur ?

JJA — On envisage alors la solution de facilité. En dépit des enfants, des promesses et des intérêts matériels, c'est le divorce. L'Église le condamne. Qu'en pensez-vous ?

JG — C'est un problème douloureux. Il faut distinguer le principe formulé par la loi chrétienne : « tu ne sépareras pas ce que Dieu a uni », et l'application de la loi, selon les personnes et les circonstances. La position de l'Église demeure inchangée : elle condamne le divorce. Mais elle compatit à la situation des divorcés catholiques remariés et elle s'efforce de les aider à vivre.

JJA — Lors du 6e Synode, Jean-Paul II a même déclaré : « J'exhorte les pasteurs et la communauté des fidèles à aider les divorcés remariés. Qu'ils ne se sentent pas séparés de l'Église, car ils peuvent, et même ils doivent, comme baptisés, participer à sa vie. » Toutefois, cette « compassion » n'est-elle pas incompatible avec les principes ?

JG — Oui. Quand on définit une loi, il faut être intransigeant, sinon plus rien ne tient. Mais les personnes sont libres. Et lorsqu'un prêtre voit souffrir, il ne pose plus de questions. Il aide, parce que son premier devoir n'est pas de condamner mais d'aimer.

JJA — Et pourtant, vous n'admettez pas le divorce.

JG — Je ne peux pas juger tel ou tel cas particulier

qui pourrait justifier une séparation, voire un remariage. Vous me demandez ma définition du mariage idéal. Réduire l'amour à une épreuve incertaine, maladroite, où chacun se réserve sans pouvoir se donner, ce n'est pas faire une expérience authentique. C'est pourquoi l'Église demeure ferme sur les principes.

JJA — Lors de la rencontre du pape et des jeunes au Parc des Princes, en 1980, on lui reprocha « l'attitude intransigeante de l'Église dans les questions d'ordre sexuel ». Jean-Paul II répondit : « L'Église pose les exigences liées à l'amour conjugal vrai, c'est-à-dire responsable, ce que requièrent la dignité de la personne et l'ordre social fondamental. L'homme se réalise dans la seule mesure où il sait s'imposer des exigences. La permissivité et la société de consommation n'ont jamais rendu les hommes heureux. » Au fond, le divorce signe l'échec des tentatives en vue de résoudre une crise, ou plutôt une suite de crises.

JG — Celle du milieu de la vie, du « moyen âge », la ligne de partage des jours. Celle où le « démon de midi » pointe ses cornes. C'est le moment où l'on refuse l'hypocrisie, faute d'avoir surmonté la médiocrité : « Ô cœur, vas-tu sombrer dans la bonace ? » demandait Péguy.

JJA — Revenons à la racine de la crise. Pourquoi cette lassitude, cette crise de l'amour qui fera chercher ailleurs le bonheur qui n'est plus ?

JG — On a laissé agir les lassitudes. On a oublié combien l'amour est vulnérable, on a ignoré la loi de ses étapes, le rythme de son développement. Pour que le mariage au milieu de l'usure du temps puisse accroître et sublimer l'amour, il faut beaucoup de précautions, de réflexions et de soins. Le danger est que l'union, fixée par l'attrait originel, maintenue par l'habitude et par les devoirs, devienne une association d'anciens amoureux.

JJA — Sainte-Beuve a exprimé cette crise du mariage : « On durcit sur certains points, on pourrit sur d'autres, on ne mûrit pas. » Pourquoi ?

JG — Mûrir, c'est laisser la durée faire en nous son œuvre de paix, trouver la jeunesse de l'esprit alors que celle du corps s'énerve. En amour, la maturation est moins transformation qu'accomplissement. Il ne s'agit pas d'amitié. Le difficile est d'obtenir que l'amour se transforme en amitié sans cesser d'être un amour. Tel est, avec au cœur le désir de perfection, le secret du mariage qui dure. Le problème de tout amour est de ressusciter sans cesse une première extase. L'idéal serait de recommencer toujours, sans se répéter jamais. Et de trouver dans le dernier âge de la vie un amour aussi incandescent qu'à son origine.

JJA — L'incandescence, c'est la passion. Par essence, elle est brève.

JG — Il faut bien distinguer la passion et le sentiment, que l'on pourrait appeler la tendresse. L'amour commence par une phase d'émotion, qui s'épanouit en sentiment. Celui-ci habite en nous sans que nous en ayons toujours conscience. Mais à la moindre circonstance il se réveille sous les aspects d'une émotion tendre.

JJA — C'est donc la seconde phase de l'amour qui le consolide à jamais.

JG — Oui. La tendresse se loge à la couture de l'âme et du corps. Au commencement, chacun idéalisait l'autre. L'amour ne peut durer que s'il devient amour de l'être incarné et total, avec ses lacunes, ses médiocrités.

JJA — Faut-il demander à chacun d'aimer les défauts de l'autre ?

JG — Il faut aimer l'autre assez pour que ses défauts soient considérés comme une conséquence presque négligeable de son incarnation. Au début, les joies, les plaisirs, étaient nécessaires à l'amour ; maintenant, les échecs, les maladies, les amertumes deviennent davantage les éléments de l'union. Alors se tissent des liens nouveaux et l'amour refleurit. Passé le temps du jaillissement ou des ravages, l'amour croît en silence, dans ses tendresses accumulées, sa paix qui absorbe tout, ses renouvellements à travers les âges de la vie.

JJA — Y a-t-il une école de l'amour heureux, durable ?

JG — Oui, puisqu'il y a une loi de croissance de l'amour au milieu des crises surmontées, cette secrète assomption qui fait de l'amour humain une œuvre d'art, qui aurait le temps, le hasard et le cœur pour sa matière. Il faut essayer de comprendre les mécanismes intimes. L'âge médian est celui des habitudes du cœur. La femme n'évolue pas comme l'homme. Elle se masculinise un peu, alors que l'homme s'adoucit, s'attendrit.

JJA — Mais vous n'empêcherez pas la femme de souffrir du vieillissement, de la perte de sa beauté qui fut à vingt ans le point fort de l'amour.

JG — La beauté n'est pas liée à l'éclat d'un visage et d'un corps jeunes. La femme passe de l'état de fleur printanière à celui de la statue polychrome, et l'art y pourvoit de nos jours comme toujours. Et la beauté n'est pas seulement physique. C'est un acte indivisible du corps et de l'âme, dans l'existence vécue. Elle la condense dans ces deux hauts lieux inaltérables que sont le regard et le sourire. L'âge du milieu de la vie est celui où la lumière du visage, sa phosphorescence, son irradiation, au lieu de venir de la nature, procèdent de l'expérience intime, des épreuves acceptées, de l'amour vrai, du repos dans l'amour, de la tendresse. Et cette beauté-là est une beauté croissante, par son rapport avec la bonté. C'est la phase oblative de l'amour qui commence.

JJA — Quand les feux de la passion se refroidissent, le couple ne perd donc pas fatalement sa solidité.

JG — Il faut entrer dans la douceur d'être aimé, et le mot qui convient le mieux c'est la tendresse, le repos de la passion, ce je ne sais quoi qui fait sourire de bonheur. C'est ce qui occupe l'intervalle entre la passion et l'indifférence. La tendresse est quotidienne, familière, changeante, inventive, silencieuse. Elle a des attentions, ce qui vaut mieux que l'attention. La tendresse, c'est de pouvoir se taire ensemble, la main dans la main. La femme m'a appris la tendresse, sans laquelle le savoir ne sait rien.

JJA — Et votre vie, Jean Guitton, est un bel exemple de fidélité conjugale.

JG — La vôtre aussi, et ce n'est pas fini. C'est pourquoi nous avons dédié ce livre à nos épouses...

JJA — Finalement, quelle est votre définition de l'amour conjugal ?

JG — L'amour est un hasard auquel le cœur a cru. Le plaisir charnel n'est que la première phase de l'amour, le tremplin qu'il faut dépasser pour obtenir le doux bonheur d'aimer. L'amour conjugal, c'est le don de soi, total, irréversible, pour le meilleur et pour le pire.

JJA — Vous avez dit hasard ? Le mariage reste donc un pari, une loterie ?

JG — En fait, je ne crois pas au hasard. Ce que nous appelons hasard n'est que notre incapacité à comprendre un degré d'ordre supérieur. L'univers semble fait de hasards, c'est-à-dire de rencontres qui paraissent fortuites. Mais ces rencontres ont une finalité, un sens ; elles convergent vers une fin. Dans ces conditions, le hasard est une illusion de notre ignorance. Mais c'est vrai, tout engagement implique un beau risque à courir. Sans cette foi toute chargée d'espérance, y aurait-il amour ?

Amitié

« J'aime l'amitié, cet amour qui ne s'épuise pas. »

Hervé HAMON

Ainsi, de l'*éros* à la *philia*, de la sexualité à l'amitié, en passant par l'amour conjugal, parental et filial, nous évoluons peu à peu vers une forme d'amour humain plus spirituel, moins égoïste, plus large, dans lequel l'amitié tient une place à part.

D'après le *Grand Larousse*, l'amitié est une affection pure de tout attrait sexuel, unissant deux êtres. Pour durer, l'amitié doit être paisible et respecter le partenaire. Qui dit amis dit égaux : mêmes droits, mêmes devoirs. Loyauté. L'amitié suppose aussi le désintéressement, sinon c'est de la simple complicité d'intérêt.

« Aimer est la vertu des amis », a dit Aristote. « Toute amitié est par elle-même une excellence », ajoute Épicure. Pour l'être humain, personnage social, l'amitié est une des conditions du bonheur. Elle donne les avantages de l'amour sans les inconvénients de la passion. Elle est un refuge contre le malheur. « Elle vaut mieux que la justice et l'inclut », souligne A. Comte-Sponville. « Elle est à la fois sa plus haute expression et son dépassement. Elle n'est ni manque, ni fusion, mais communauté, partage, fidélité[1]. »

La supériorité de l'amitié sur l'amour purement charnel est que celui-ci nous est souvent imposé (comme un « coup de foudre »), alors qu'entre amis on se choisit. En ce sens, l'amitié est une vertu, ce que l'amour charnel n'est pas. Mais c'est une petite vertu. Elle a ses limites. Elle peut n'être pas exempte d'égoïsme et de jalousie. On n'a le plus souvent qu'un(e) ami(e), ou peu d'amis.

Quelle est la limite de l'amitié ? Montaigne disait : « Il faut se *prêter* à autrui et ne se *donner* qu'à soi-même. » A travers nos amis, nous nous aimons nous-mêmes. Nous les aimons parce qu'ils nous aiment.

L'amitié est une vertu qui demeure ambiguë et dont Montaigne a bien exprimé l'impondérable, à propos de son amitié avec La Boétie : « Pourquoi je l'aimais ? Parce que c'était lui, parce que c'était moi. »

Dialogue

JJA — Je me méfie un peu de l'amitié. Ou bien elle est superficielle et intéressée ; ce n'est pas alors une véritable amitié, mais plutôt un système de relations, mondaines ou autres, un moyen de promotion pour les ambitieux, de sécurité pour les pauvres. Ou bien elle est sincère, mais alors elle tend souvent vers un accaparement et on songe à ce mot cruel : « Seigneur, délivrez-moi de mes amis ; mes ennemis, je m'en charge ! »

JG — Là, il s'agit de faux amis.

1. A. Comte-Sponville, *op. cit.*, p. 325.

JJA — Alors, quelle est votre définition de l'amitié ?

JG — Ma mère disait, dans son langage fleuri : « Les cœurs se répandent l'un dans l'autre. Ils se pénètrent et ne semblent plus divisés, étant réunis au centre de la charité. Quelles délices de vérifier ses sentiments, d'éclaircir ses difficultés par les fidèles expériences des autres ; de s'entendre en profondeur par d'autres manières que celles de la parole, de se transformer par des réflexions de flamme et de lumière ! »

JJA — Avait-elle beaucoup d'amis ?

JG — Très peu ; surtout sa sœur unique. Ma mère était née pour l'amitié mais le but qu'elle visait était si haut et si pur que l'atteinte ne pouvait qu'être furtive. Elle disait encore : « L'amitié n'est complète que lorsqu'elle est non seulement une ressemblance que l'on cultive, une confiance que l'on pratique, mais un effort commun et réciproque pour s'élever, pour se purifier, pour se surmonter. Alors, l'amitié sent non seulement sa douceur mais sa force, ce qui est nécessaire pour qu'elle atteigne sa plénitude. A cette hauteur, à cette profondeur, l'amitié ne craint aucune atteinte ; ni l'éloignement, ni le temps, ne peuvent l'altérer. »

JJA — Au fond, il en est de l'amitié comme de l'amour. Seule une amitié désintéressée est vertueuse et durable.

JG — Oui. L'amour du moi, l'égoïsme, font obstacle entre nos amis et nous. Il faut se perdre un peu pour se retrouver dans un autre. C'est alors seulement que l'on trouve en l'ami un trésor.

JJA — La première qualité d'un ami, avec la fidélité, c'est sans doute la discrétion. Garder une certaine distance, ne pas s'imposer, espacer les rencontres pour ne pas lasser. Il en est des amis comme de la famille. Un trésor parfois inaccessible, puisque le seul fait de prétendre le posséder, l'accaparer, le ferait perdre.

JG — Il faut en effet de l'absence pour se connaître et pour s'aimer vraiment. Ce qu'illustre ce joli vers : « Ce qui passe et revient est plus tendre à revoir. »

JJA — « Et les pas d'un ami sont plus doux que de douces paroles. » (Francis James).

Mais que doit-on faire lorsque chez l'un des partenaires l'amitié faiblit, l'attrait passe, le cœur s'accoutume ou se lasse ?

JG — Il faut cultiver en soi ses amitiés, les arroser en quelque sorte, de peur qu'elle ne se déssèchent et ne se fanent. Ma mère savait partager la solitude du cœur. Si la sympathie naturelle diminuait, elle demeurait fidèle à l'amitié qu'elle avait donnée. Elle s'élevait dans l'ordre de la pitié, qui est sans limite.

JJA — Mais alors, ce n'est plus de l'amitié, c'est de la charité.

JG — Elle avait le sens de ce qu'il y a d'éternel dans un don qu'on a fait de soi.

JJA — Eternel ? Que devient l'amitié après la mort ?

JG — Ce défaut de l'amitié est rendu plus cruel par la séparation de l'amitié causée par la mort. Devant le vide et l'absence on se reproche jusqu'aux moindres omissions de l'amitié. On a vécu tout près et l'on ne s'est ni pénétré ni connu. À peine les esprits se sont-ils effleurés. Les sentiments se sont masqués d'indifférence ou de lassitude. La vie cruelle, si pleine et si vide, a jeté la poussière de sa banalité.

JJA — Toutefois, la mort laisse le souvenir.

JG — En effet. C'est l'esprit du disparu, dont le survivant peut s'entretenir et se fortifier comme d'un pain spirituel qui ne manque jamais. Les vivants peuvent nous enlever leur amitié, les morts nous la laissent inaltérable et inépuisable, si nous le voulons, pour l'éternelle cène intérieure. Alors, les esprits sont dégagés du sensible, qui est un voile. L'amitié retrouve une pureté. Elle devient source de vertu.

JJA — Élever l'amitié au degré de vertu, c'est s'oublier soi-même, être capable d'aimer l'autre et de se taire. Et si notre ami souffre, de le soutenir avec discrétion et tendresse. Mais cela, c'est plus qu'une amitié ordinaire. On entre dans un amour de dépassement, l'amour-charité.

Amour-charité

« Évalue ta richesse à l'importance de ce que tu donnes. »

Georges DUHAMEL

La charité (du latin *caritas*), penchant à faire le bien d'une manière désintéressée, est la troisième vertu théologale, la grande nouveauté apportée par le christianisme : « Tu aimeras ton prochain comme toi-même pour l'amour de Dieu. » « Aimez-vous les uns les autres comme je vous ai aimés. » (Jean 15, 12.) La charité chrétienne va beaucoup plus loin que la bonté naturelle. Le Christ demande non seulement d'aimer ses proches, mais aussi les étrangers et même nos ennemis, et naturellement les pauvres. Dans sa célèbre 1re épître aux Corinthiens (13, 1-7), saint Paul souligne l'importance de la charité :

« Quand je parlerais les langues des hommes et des anges, si je n'ai pas la charité je ne suis qu'airain qui sonne. Quand j'aurais le don de prophétie et que je connaîtrais tous les mystères et toutes les sciences, quand j'aurais la plénitude de la foi, si je n'ai pas la charité je ne suis rien. Quand je distribuerais tous mes biens aux pauvres, quand je livrerais mon corps aux flammes, si je n'ai pas la charité cela ne me sert de rien. La charité est patiente, serviable, sans envie ; elle n'a ni jactance ni enflure, elle n'est ni légère ni égoïste ; elle ne s'emporte pas, ne tient pas compte du mal ; elle ne se réjouit pas de l'injustice mais elle met sa joie dans la vérité. Elle excuse tout, croit tout, espère tout, supporte tout. »

Paul insiste : « La charité est la perfection de la loi. » (Rom. 13, 10.) « Car toute la loi se résume en ce précepte : "Tu aimeras ton prochain comme toi-même." » (Gal. 5, 14.)

Reprenant ce texte fondateur, le *Catéchisme de l'Église catholique* définit la charité comme « le fruit de l'Esprit et la plénitude de la loi » : « La charité inspire et anime toutes les vertus, sans lesquelles elles seraient lettre morte. Elle les articule et les ordonne, elle purifie notre puissance d'aimer, en brisant tout ce que l'amour-éros peut avoir d'égoïsme. Elle élève l'amour humain à la perfection surnaturelle de l'amour divin. La pratique de la vie morale animée par la charité donne au chrétien la liberté spirituelle des enfants de Dieu, devant lequel il est comme un fils [1]. »

Soulignons au passage que le mot charité a été contaminé par l'usage qu'en ont fait les riches au temps où il n'y avait pas de protection sociale. « Faire la charité », c'est-à-dire l'aumône, paraît aujourd'hui condescendant. Le riche abandonne de son superflu à ceux qui n'ont rien. Il ne partage pas vraiment. Il ne se donne pas. En ce sens, « faire la charité est à la charité ce que faire l'amour est à l'amour », dit A. Comte-Sponville, qui définit la charité idéale comme « une compassion libérée de la souffrance, une amitié libérée

1. *Catéchisme de l'Église catholique*, Cité du Vatican, Ed. Mame et Plon, 1992, art. 1828.

de l'ego[1]. » L'amitié (philia) et l'amour parental sont des vertus, mais c'est encore s'aimer soi-même à travers *ses* amis, *ses* enfants. C'est alors que la charité suggère à ces amours imparfaits de ne pas demeurer prisonniers de l'ego. Aimer ses ennemis, ou ceux qui vous sont indifférents, qui ne vous font pas du bien, c'est la vertu la plus sublime. Est-ce seulement possible, sinon pour quelques saints ? Probablement non dans l'état primitif où se trouve l'humanité. C'est un axe de vie, un idéal. La clé qui permettrait aux hommes de vivre en bonne intelligence, et simplement de survivre. Pour le moment, on doit se contenter d'espérer en « cet amour qui manque à tout amour » (C. Bobin), ce parfum de l'amour qui de tout temps a attiré les mystiques et qui ne pourra trouver qu'en Dieu sa plénitude.

Dans son *Traité des vertus*, V. Jankélévitch ne dit pas autre chose : en la charité toutes les vertus sont comprises. Elle réhabilite la faiblesse. Elle est très populaire et universelle en raison de sa divine simplicité : *il suffit d'aimer*. Et sans délai, sans préalable, sans réserve. « Elle est la source prévenante de toute bienfaisance. Elle est, comme la pitié, une inquiétude ; le sentiment d'une dette infinie ; non pas la conscience abstraite d'une injustice qui peut toujours se réparer, mais la tendresse éprouvée à l'endroit d'une situation concrète, humaine, incompensable, que tout notre amour ne suffit pas à rendre légère[2]. »

La charité diffère de la générosité en cela qu'« elle efface le quant-à-soi du charitable. Le surnaturel de la charité réside en ceci qu'elle est aussi le don du pauvre.

1. A. Comte-Sponville, *op. cit.*, p. 384.
2. V. Jankélévitch, *Traité des vertus*, p. 835.

Qui n'a rien à donner et donne quand même fait éclater le ciel d'or de l'amour charitable[1] ».

Finalement, la charité réconcilie et achève les trois types d'amour : elle libère l'amour charnel et l'amitié de toute trace d'égoïsme. « Aller au-delà de toute possession jusqu'à cette zone de l'esprit où plus rien ne manque ». L'Amour, « qui nous appelle dans la mesure où nous l'aimons[2] », et qui fit s'exclamer un jour une petite novice de seize ans du Carmel de Lisieux, Thérèse Martin : « Je compris que l'amour renfermait toutes les vocations, qu'il était tout, qu'il embrassait tout les temps et tous les lieux. Je me suis écriée : "J'ai trouvé ma place dans l'Église. Je serai l'amour". »

Dialogue

JJA — Devant ces définitions, on se sent petit, tellement éloigné de cette perfection de l'amour, mais aussi de cette démesure, puisque, selon saint Paul, « la mesure de l'amour est d'aimer sans mesure ». Pour vous, quelle est sa définition ?

JG — L'amour-charité (agapè) va bien au-delà de l'amitié (philia). Ses fruits sont la patience, la douceur, la magnanimité modeste, l'art d'excuser le mal et de se réjouir du bien. C'est la beauté de la bonté, la vertu par excellence. C'est se réjouir de la joie d'autrui, ce qui est plus difficile que de compatir. La bienveillance et l'indulgence composent cette part de la bonté que saint Paul a défini ainsi : « Elle n'honore pas le mal, même d'une pensée. » De nos jours, la bonté a tant de

1. V. Jankélévitch, *op. cit.*, p. 982.
2. A. Comte-Sponville, *op. cit.*, p 379.

contrefaçons et la charité est si vieille que, tous les mots s'étant usés, on est revenu au signe grec tout cru : *agapè*, ce vieux mot qui veut dire repas (d'où agapes), repas nocturne, partage, où la foi rompait le pain.

JJA — Quand on parle de bonté, ce mot revêt deux sens. Je pense d'abord à la douceur, à l'utilité d'une chose : Ève sentit que le fruit était bon. Au-delà de la sensibilité ordinaire, je ressens aussi la bonté comme une forme du bien.

JG — C'est de cela dont nous parlons. Cette bonté-là est inséparable de ce travail d'intelligence des nuances qui la change en la vertu très rare que l'on appelle délicatesse.

JJA — Un discrédit entache parfois les termes de bonté et de charité. On songe à la « bonté » de tel ou tel leader caritatif *et* médiatique, ou à celle des États dont la charité est si bien ordonnée qu'elle pense surtout à elle-même.

JG — Oui. Le riche peut éprouver un orgueil de sa donation, qui le confirme dans sa possession et rend témoignage non seulement de son avoir, mais aussi de sa bonté. Cette attitude est négative. Soit elle provoque la révolte chez l'assisté en l'humiliant, soit elle l'ancre dans sa dépossession où il trouve intérêt jusqu'à devenir un pauvre professionnel et s'y complaire.

JJA — Alors, pouvez-vous aller plus avant dans la définition d'une véritable charité ou bonté ?

JG — Elle est noble et douce, voisine de la pudeur. Elle consiste en une humble communion de celui qui a et de celui qui n'a pas ; qui voudrait non pas tant donner que se faire pardonner de donner. Dès lors, la bonté n'est plus une supériorité de celui qui a, mais un art qui consiste à entrer en amitié avec celui qui n'a pas. Comme si *avoir* et *ne pas avoir* étaient deux modes complémentaires d'*être*. Il faut casser le sentiment de possession chez l'un et de frustration chez l'autre.

JJA — Ce que vous dites-là me trouble profondément. Un soir, dans une rue obscure, je tombai nez à nez sur un homme hirsute, violent, presque menaçant, qui m'aborda en demandant la charité, mais d'une manière si étrange que je demeurai muet, en retrait. Soudain, il s'écria : « N'ayez pas peur ! » Déjà, il avait disparu, avant que, abasourdi, j'ai eu le temps de mettre la main au porte-monnaie. Je me le reproche encore. Il avait senti ma peur et s'était effacé pour me rassurer, avec les mots mêmes du Christ, sans les connaître. Son cœur avait parlé plus fort que son intérêt.

JG — Mais *qui* a besoin d'être secouru ? Le pauvre a souvent l'occasion de donner au riche, à condition que celui-ci ouvre sa porte et son cœur.

JJA — C'est très difficile d'être bon. Cela exige l'oubli de soi-même.

JG — Et l'amour. Alain disait que « la charité consiste moins à vouloir du bien aux hommes qu'à les trouver magnifiques et à ne pas se rassasier de les voir ». On est tellement porté au mépris ou à la peur. Cet amour-là est une vertu au sens noble du terme. Il faut tendre humblement vers elle. Lorsqu'on tient son prochain pour un être irremplaçable, au lieu de l'ignorer et de le mépriser, on se surprend à l'admirer dans ses travaux ordinaires, dans ses chagrins, dans ses longues heures d'ennui ou dans ses réactions instinctives, comme celles du mendiant, que vous évoquiez. Alors, sans même avoir à prononcer ce mot de bonté, si magique et si fade, c'est qu'on l'aime.

JJA — Comment distinguez-vous la bonté ordinaire de la charité véritable, *agapè* ?

JG — La charité va plus loin. Elle est proche de la compassion. Par exemple : l'ennemi doit être respecté quand il est à terre. C'est soi qu'on achève si on l'achève. C'est un amour désintéressé et bienveillant, une bonté de proximité, pratique, quotidienne, usuelle chez les êtres affinés. Ainsi la patience, le silence sur ce qui est mal chez l'autre, l'humilité vis-à-vis de son propre bien.

JJA — Qu'entendez-vous par « bonté de proximité » ?

JG — Notre engagement pour les pauvres doit aller au-delà d'une charité universelle, certes si nécessaire, qui passe par l'État et par les œuvres humanitaires. Bonnes aussi sont ces formes d'engagement inédites qui ont déchargé les organismes privés de leur lutte contre les inégalités sociales. Il demeure que le seul moyen de se purifier de l'illusion qui se glisse parfois dans l'amour-charité, c'est l'engagement *prochain* et non pas lointain ; l'engagement limité, incarné, et pour commencer l'attention à son plus proche prochain, sa famille. C'est le contact humain avec des êtres défavorisés, contact fidèle, persévérant, ingénieusement renouvelé pendant une longue durée.

JJA — Un amour divin !

Concluons ce chapitre sur l'amour par deux exemples de l'amour divin. Le premier émane d'un lecteur suisse inconnu, J.R. :

« J'étais en attente, ne sachant plus prier. Ainsi la

prière pouvait être cela, aussi ? Les premières paroles vraies de ma vie s'écoulent de mes lèvres, dans un don total. Je découvre mon dénuement, ma pauvreté, ma solitude, mon manque d'amour. Je m'abandonne et je crie « Père ! », car je ne sais plus à qui m'adresser. Et dans ce cri je donne tout ce vide afin que toi, Père, tu le remplisses. Et soudain, c'est l'explosion. Le ciel s'ouvre. Une force inconnue s'empare de moi. Mon âme enfle démesurément. Elle fusionne avec l'Amour. Elle est l'Amour. Je suis transporté de joie, de lumière, de plénitude, d'intelligence, de connaissance. Je suis en Tout. Tout est en moi. Je sais que je sais. Rien ne sera plus comme avant. Tout devient possible. Mais l'amour ne se raconte pas. Il se vit. »

Le second exemple montre comment il se vit. Thérèse de Lisieux, qui a connu peu d'états mystiques, n'est-elle pas donnée en exemple comme le modèle de l'amour humble, « petit », mais infini dans sa relation au divin ? « Une petite voie bien droite, bien courte et toute nouvelle », disait-elle, pour parvenir à cet amour total qui l'avait illuminée en lisant ce passage d'Isaïe : « Comme une mère caresse son enfant, ainsi je vous consolerai, je vous porterai sur mon sein. » Désormais sa faiblesse, sa « petitesse » deviennent l'outil même de son union à Dieu, « le lieu où s'exerce l'amour miséricordieux ». Elle sera bientôt comblée : « Je brûlais d'amour et je sentais qu'une minute, une seconde de plus, je n'aurais pu supporter cette ardeur sans mourir. » La petite Thérèse rejoint alors la grande Thérèse mystique et son frère spirituel Jean de la Croix : « Aimer à la folie ! »

Chasteté

Mots associés : pureté, pudeur, continence, tempérance, fidélité, innocence. *Antonymes* : impureté, impudicité, indécence.

Citations : « Celui qui reste chaste et meurt d'amour meurt martyr. » (Mahomet.) « Ô Dieu, accordez-moi la chasteté... mais pas encore maintenant ! » (Saint Augustin.) « La chasteté est la splendeur de l'homme intérieur. » (Ruysbroek, *De l'ornement des noces spirituelles*.)

Définition : Du latin *castus* : chaste, pur. Qui se garde des plaisirs de la chair selon la règle morale qu'il s'impose. Qui respecte la pudeur. Qui évite toute impureté d'esprit et de corps.

La chasteté, c'est donc l'abstention des plaisirs charnels jugés illicites, par exemple hors mariage ou adultérins, ou lorsque la chasteté résulte d'un vœu. La chasteté idéale serait de repousser même la pensée d'un plaisir charnel, pour retrouver l'état de pureté, d'innocence. Sinon, il n'y a que *continence*, qui est le seul fait de s'abstenir du passage à l'acte physique. La continence n'exclut pas le mariage. C'est soit le « mariage blanc », sans relations sexuelles, soit la cessation des relations sexuelles après la conception des enfants, ce qui n'interdit pas la relation amoureuse amicale.

Le *célibat* est l'état d'une personne en âge d'être mariée et qui ne l'est pas. Juridiquement, c'est un état de non mariage. Ce n'est pas une vertu, car on peut rester célibataire par égoïsme ou par contrainte. On peut aussi être célibataire et libertin, débauché. « Le célibat chrétien religieux, souligne le cistercien Maur Standaert, consiste dans la décision de ne pas nouer de liens amoureux et de vivre définitivement en solitaire dans la continence totale. Étant fait de don de soi et librement, c'est alors une vertu, pour se consacrer pleinement à Dieu et aux autres. »

Quant à la *virginité*, elle exclut la consommation de l'acte sexuel. C'est une question d'intégrité physique.

En citant la définition du *Grand Larousse illustré* de 1905, on peut mesurer l'évolution du langage des mœurs : « Lorsque la chasteté est appliquée aux femmes, on lui associe le terme d'*honneur* (ou volonté de rester estimable aux yeux du monde) ; *sagesse* (qui implique le désir de la prudence avec laquelle la femme vertueuse évite les occasions dangereuses) ; enfin la *vertu*, qui est le courage avec lequel une femme, bien que tentée par les attraits de la chair, résiste aux tentatives d'un séducteur. »

Le nouveau *Catéchisme de l'Église catholique* place très haut la chasteté. C'est une vertu, un idéal : « La personne chaste maintient l'intégrité des forces de vie et d'amour disposées en elle. Cette intégrité assure l'unité de la personne, elle s'oppose à tout comportement qui la blesserait. Elle ne tolère ni la double vie ni le double langage [1]. »

« La chasteté comporte un apprentissage de la maîtrise de soi, qui est une pédagogie de la liberté humaine. Ou bien l'homme commande à ses passions

1. *Catéchisme..., op. cit.*, art. 2338.

et obtient la paix, ou bien il se laisse asservir par elles et devient malheureux. Sa dignité exige qu'il agisse selon un choix conscient et libre et non sous le seul effet des poussées instinctives[1]. »

« La vertu de chasteté est placée sous la mouvance de la vertu cardinale de *tempérance*, qui vise à imprégner de raison les passions et les appétits de la sensibilité humaine[2]. »

En ce qui concerne les époux, l'Église admet pour la sexualité « une source de joie et de plaisir, une satisfaction du corps et de l'esprit ». Dès 1951, Pie XII déclarait légitime « le plaisir et la satisfaction du corps et de l'esprit : les époux ne font rien de mal en recherchant ce plaisir et en en jouissant », avec modération et en réalisant la double fin du mariage : le bien des époux et la transmission de la vie. Sinon, on altère la vie spirituelle du couple et on compromet l'avenir de la famille. La fidélité conjugale reste la règle absolue, l'indissolubilité, et la fécondité « à la mesure de l'homme ». La régulation des naissances (contraception) n'est autorisée que par des moyens « naturels », c'est-à-dire la continence. Le divorce religieux n'est pas admis. Seulement la « séparation de corps ». Le divorce civil est toléré. Mais tout conjoint remarié se place en situation d'adultère et le *Catéchisme* souligne le traumatisme injustement imposé aux enfants.

Pour le chrétien, la virginité avant le mariage est une vertu, un privilège. Elle affirme fortement la valeur et la dignité du mariage. Elle symbolise un idéal qui le dépasse, car on peut atteindre directement l'amour par la virginité. Sur deux plans différents, mariage et virginité sont la réalisation du même mystère, du même sacrement.

1. *Catéchisme..., op. cit.*, art. 2339.
2. *Ibidem*, art. 2341.

Le concile Vatican II a à la fois exalté la chasteté religieuse et le mariage, « deux voies différentes pour atteindre le même but » (l'amour). La plupart des théologiens chrétiens s'élèvent contre la théorie de Freud selon laquelle le refoulement de la libido engendrerait des maux divers. On peut dire au contraire que la libéralisation effrénée de l'érotisme est destructrice.

Dialogue

JJA — Comment parler de chasteté dans un monde livré à la jouissance des sens, toujours plus excités par des modes, des images, des films, des écrits provocants ? Où les chefs d'État, comme jadis les monarques, donnent le mauvais exemple ? Peut-on encore parler de « péché » à propos de l'acte sexuel quand la pensée dominante s'élève contre tous les interdits et tabous ? Qu'y a-t-il de positif pour l'homme dans la chasteté volontaire, en dehors du fait d'échapper au sida et de freiner une surpopulation lorsqu'elle devient anarchique et envahissante ?

JG — Ce qui n'est pas déjà si mal ! La chasteté est beaucoup plus efficace que le préservatif ! Considérons une civilisation qui se dit avancée, comme la nôtre. Doit-elle maîtriser sa sexualité, ou risquer de s'y soumettre sans contrôle jusqu'à l'esclavage, sous prétexte de liberté et de jouissance ?

JJA — Oublions pour l'instant les considérations traditionnelles de fidélité, de pudeur, de pureté, de virginité... des mots qui varient en fonction de l'époque et de l'environnement ethnique. Est-il raisonnable, à notre époque de libéralisation des mœurs, de conseiller la chasteté ?

JG — Il faut d'abord distinguer deux sortes de chasteté. La chasteté absolue, réservée à une élite, notamment religieux et prêtres, qui professent un idéal élevé au profit de valeurs transcendantes ; et la chasteté relative, celle des couples mariés qui s'imposent des règles de fidélité réciproque.

JJA — Il y a aussi une troisième chasteté : celle des jeunes qui n'ont pas encore opté pour la vie conjugale. La plupart ne s'inquiètent pas de chasteté. Un raz-de-marée a submergé la société en 1968. Est-ce un bien, est-ce un mal ?

JG — Deux remarques : dans ma jeunesse, on n'enseignait pas aux jeunes la sexualité. Aujourd'hui, on initie même de jeunes enfants. Jadis, non seulement la famille mais l'État imposaient une censure morale. Aujourd'hui, la sexualité et l'érotisme s'étalent partout : télévision, radio, presse écrite, livres, Minitel, Internet et même sur nos murs. Certes, il fallait lutter contre le tabou dont il résultait que des filles ignorantes se retrouvaient enceintes hors mariage, ou les amenait au mariage sans préparation, un véritable traumatisme. Mais trop c'est trop. Aujourd'hui, une fille de douze à treize ans peut avoir des rapports sexuels. Si elle est toujours vierge à dix-huit ans elle paraît ridicule ou anormale à certains et il lui faut une grande force de caractère, une vraie personnalité, pour garder son idéal.

JJA — Êtes-vous sûr que cette invasion tentatrice de la sexualité est nouvelle ? Est-ce que, dans votre jeunesse, cela n'existait pas aussi, sous une forme plus discrète ?

JG — Oui, je l'avoue. Des orteils aux cheveux, une femme est l'incarnation de la chair. Elle ne montrait jadis que son visage et ses chevilles, c'était assez pour enflammer les imaginations masculines. Mais aujourd'hui, on en fait trop. Cette invasion mercantile de la sexualité est monstrueuse. Elle fait descendre l'être humain au niveau de l'animal, puis plus bas, car l'animal, soumis à ses instincts, est périodiquement chaste. Aujourd'hui, trop de conduites sexuelles sont perverses. Cela entraîne la jeunesse dans une spirale dont elle ne sortira pas lorsqu'elle a perdu ses repères : famille éclatée, religion niée ou ignorée.

JJA — La religion, justement ! D'où vient ce rejet des préceptes de chasteté traditionnelle recommandés par les églises ? Est-ce uniquement un problème de foi ? Les jeunes ne croient plus que les flammes de l'enfer sanctionneront une conduite que l'Église qualifie d'immorale. Même les jeunes qui respectent et aiment le pape — on les a vus massivement lors des Journées mondiales de la jeunesse à Paris en 1997 — ne suivent guère ses préceptes.

JG — L'Église définit la morale. Elle ne peut pas empêcher la dérive des mœurs. La morale est difficile ; parfois « inhumaine ». Lorsqu'un garçon et une fille goûtent leur première expérience sexuelle, ils sont transportés au septième ciel. Or l'Église leur dit qu'ils n'ont pas le droit de s'unir hors du mariage. Le mariage chrétien implique des enfants. Un « couple » d'adolescents immatures et sans moyen de subsistance ne peut pas fonder une famille. Alors beaucoup de jeunes choisissent l'amour libre, le plaisir, la « nature ». Même parmi ceux qui ont été élevés dans une tradition chrétienne, certains rejettent l'Église. Le drame c'est que dans la foulée ils risquent aussi de perdre la foi. Voilà où nous en sommes.

JJA — Est-ce que l'Église n'a pas une responsabilité dans cette rupture ? Pendant des siècles elle a eu la phobie du plaisir charnel, jugé corrupteur. Elle a prétendu réduire l'amour humain à sa fonction principale de reproduction. Le Christ était beaucoup plus nuancé, et surtout discret.

JG — Il y a eu des abus. Mais cela a changé depuis le concile Vatican II. Il a défini la finalité de la sexualité comme étant, certes, la procréation, mais dans l'essence profonde de l'amour. Cependant, cet amour ne doit pas être un égoïsme à deux. Il doit être fécond.

JJA — Et la sexualité doit être pleinement maîtrisée, mais de façon « naturelle », ce qui nous ramène à la chasteté.

JG — L'Église ne condamne pas l'amour, mais le détournement de la sexualité : libertinage, homosexualité, pédophilie, inceste, vagabondage sexuel, contraires à la nature des choses.

JJA — Pratiques qui, de toute évidence, conduisent à des catastrophes comme le sida. Et là, ce n'est même plus une question de religion, mais de respect de soi et des autres, de morale naturelle, d'hygiène.

JG — Le sida n'est pas le châtiment de Dieu, c'est la conséquence logique de pratiques aberrantes. De même l'excès de tabac donne le cancer, l'excès d'alcool tue plus sûrement que la guerre, trop manger aboutit à des maladies cardio-vasculaires, etc.

JJA — Et le vagabondage sexuel apporte des maladies sexuelles et les répand. Cependant, il y a le préservatif. Or, l'Église dit que la chasteté est préférable ? Pourquoi ?

JG — Soyons clairs. Si l'on estime que les jeunes ne peuvent pas s'abstenir, compte tenu de l'atmosphère érotisée dans laquelle ils vivent, le préservatif est un moindre mal.

JJA — Mais c'est vous qui le dites. Pas le pape !

JG — Le pape ne peut pas prôner le préservatif. Il enseigne la morale, la perfection. Pour l'Église, le moyen le plus simple pour enrayer une épidémie, ou la surpopulation, c'est l'abstinence, la chasteté. C'est cela qu'il faut enseigner aux jeunes.

JJA — Mais avec amour, compréhension.

JG — C'est ce que fait l'Église, qui distingue le péché et le pécheur. Elle condamne fermement le péché, c'est son rôle. Elle pardonne au pécheur, à plus forte raison à ceux qui n'ont pas la moindre idée de la morale, parce que leur famille ne la leur a pas enseignée, ni donnée en exemple.

JJA — Alors, que conseillez-vous aux jeunes de bonne volonté ? Comment résister à la tentation ?

JG — Au nom d'un idéal élevé. Mais il faut d'abord comprendre comment agit la tentation. Être tenté, c'est se trouver aux prises avec une image dont on sait qu'elle va bientôt agir sur vos glandes et investir le psychisme. Une certaine manière d'orienter son effort pour dissiper l'image risque de l'intensifier.

JJA — Comment est-ce possible ?

JG — C'est la loi de l'inversion. Elle est presque fatale dans toute tension prolongée. Il arrive un moment où l'effort, qui s'applique à un obstacle extérieur (ici la tentation, l'image du corps nu) suscite un obstacle intérieur plus insidieux que l'autre et l'accroît sans cesse, d'autant plus qu'on le refuse, comme on le voit chez le bègue. Emile Coué a dit que lorsqu'il y a lutte entre l'imagination et la volonté, l'imagination augmente au carré de la volonté.

JJA — Mais alors, que faire ? Napoléon disait : « En amour, la seule victoire c'est la fuite. »

JG — Bon réflexe, à condition de fuir à temps. L'amour est trop merveilleux pour être galvaudé. Il faut renoncer à ce qu'il y a de pervers et d'excessif dans la conduite sexuelle. Apparaîtra alors avec luminosité la grandeur de l'amour humain élevé à un niveau supérieur. Cela se gagne, se mérite ; grâce à la chasteté.

JJA — Vous voyez donc dans la chasteté une voie de l'avenir et non un reliquat du passé ?

JG — Oui. C'est d'abord une question de morale naturelle et de mesure. Mais cela va beaucoup plus loin. La grande loi du spirituel est qu'on ne peut se trouver qu'en se perdant, mot pris dans le sens d'effacement. D'où l'idée de sacrifice, de restriction du plaisir.

JJA — Notre époque permissive ne supporte pas ce mot de sacrifice.

JG — Aussi je parlerai de sublimation. C'est la puissance d'assumer sans anéantir. De ce point de vue, l'énergie sexuelle suprême est celle de la pureté, comme l'entendent les mystiques : simplicité. Par la pureté ainsi rattachée à l'esprit et à la vie, l'homme de demain pourrait retrouver une source d'énergie neuve, à la fois morale et biologique. Car le refoulement volontaire des énergies physiques et notamment de l'énergie sexuelle engendre une force intérieure qui se métamorphose.

JJA — Est-ce scientifiquement démontré ?

JG — Ceci est attesté par l'expérience de tous les mystiques de toutes les religions du monde.

JJA — Mais pourquoi y a-t-il un abîme entre l'*éros*

charnel et l'*agapè*, la charité mystique, alors que les deux s'expriment par le même mot : *amour* ?

JG — Dans notre civilisation, notre culture, qui est aphrodisiaque parce que trop intellectuelle, l'Eros est devenu puissance d'exaltation, de dissociation, de destruction. C'est un feu qui ravage. Mais l'atome aussi ravage. Or on a pu transformer le feu destructeur d'Hiroshima en chaleur et lumière bienfaisantes. L'homme a aussi capté les vents, les marées, l'électricité, l'énergie solaire. Pourquoi ne capterait-il pas demain les énergies de l'Eros, aujourd'hui explosives car abandonnées à l'instinct ? Alors, l'Eros ne sera plus le perturbateur mais l'adjuvant de l'amour, de la charité, de l'Agapè, deux feux qui devraient concourir, l'un apportant plus de flamme, l'autre plus de transparence, et cela pour l'approfondissement du moi le plus intime, pour le rapprochement des esprits incarnés, pour le jaillissement libre et inventif de toutes les voies inexplorées.

JJA — Ceci nous amène à la chasteté d'exception, le célibat volontaire des prêtres, des moines, des moniales. Est-ce compris à notre époque ?

JG — Nos existences monotones et banales ont besoin de respirer quelques exemples héroïques. Et en matière d'exemple, je préfère celui de saint Augustin débouchant dans la lumière après avoir maîtrisé librement une libido envahissante, à celui d'un marquis de Sade livré à ses perversions d'une insondable tristesse.

JJA — La chasteté joyeusement assumée demeure néanmoins exceptionnelle.

JG — Lorsque l'exceptionnel diminue dans une société, il lui manque je ne sais quoi d'essentiel, comme le levain dans la pâte. Le célibat des religieux est évident et il n'est pas remis en cause. On se voue à la perfection et à Dieu seul, sans partage. Le célibat des prêtres, c'est autre chose. Il existe d'excellents prêtres catholiques mariés dans l'Église libanaise. Je pense que dans l'Église romaine il y a une beauté, une grandeur, une sublimité dans l'état de prêtre célibataire, à condition évidemment qu'il demeure chaste, de corps et d'esprit. Ce célibat sacerdotal génère toutefois un manque : seul le mariage permet à un homme de connaître une femme dans tous ses aspects. Les prêtres ont raison de conserver le célibat ; cependant, l'expérience du mariage leur manque. Ils ne sont jamais dans l'exacte vérité quand ils parlent de la femme. Même le pape. Mais, je le répète, ceci ne remet pas en cause, dans mon esprit, le célibat sacerdotal.

JJA — Qu'en sera-t-il de l'avenir ?

JG — L'Église a conscience, comme le souligne Jean-Paul II, de porter ce trésor dans des vases d'argile. Mais nous savons que c'est un trésor.

JJA — Ce dont a témoigné un prêtre épanoui dans sa vocation, le père Stan Rougier : « Il faut sublimer ces énergies sans les casser. On ne peut y arriver que grâce à une spiritualité intense. Ce renoncement peut alors se transfigurer en amour décuplé au service des autres. Le Christ a dit que ce à quoi nous avons renoncé pour une vie plus haute nous sera rendu au centuple[1]. »

1. Stan Rougier, *Accroche ta vie à une étoile*, entretiens avec R. et J.-P. Cartier, Albin Michel 1995, p. 80.

Concentration

Mots associés : attention, assiduité, application, réflexion, méditation. *Antonymes* : dispersion, éparpillement, détente.

Citation : « Si l'on sentait une seule chose à fond, on sentirait tout, en elle ou par elle : ce que fait l'amour à travers un être élu. » (Jean Guitton, *Journal*.)

Définition : La concentration de l'esprit est l'acte de la volonté par lequel nous appliquons à un objet déterminé l'énergie d'une de nos facultés. Se concentrer, c'est fixer avec intensité son attention et réfléchir en profondeur, de manière à ce que la conscience soit focalisée sur un point unique, comme un laser. La *réflexion* est une attention intérieure dans laquelle l'esprit prend ses idées pour objet. La *méditation* est une réflexion profonde et prolongée, généralement sur un sujet religieux. L'*attention*, nous dit le *Larousse*, est une opération mentale qui privilégie un sujet parmi d'autres et occulte les autres phénomènes de conscience pour que l'objet choisi se développe de manière exclusive. Elle exige que l'on porte l'esprit sur un objet ou un sujet de manière soutenue, appliquée, persévérante.

Dialogue

JJA — Dans les techniques orientales de méditation en vue d'atteindre une réalité transcendante et fondatrice que nous dissimuleraient les bruits et les paillettes du monde phénoménal, on trouve une voie royale, la concentration. Elle concerne aussi tout un chacun dans sa vie quotidienne. On n'arrive à rien sans concentration, qu'il s'agisse de préparer et de réussir un examen, d'écrire un livre, ou d'entreprendre un travail collectif. On peut donc la citer comme une vertu ?

JG — Et comme un art ! Tous les peintres le savent, et les écrivains. C'est ce que nous tentons de faire ici.

JJA — La conscience agit-elle comme un faisceau laser qui éclairerait les sources de la mémoire et les profondeurs mystérieuses de l'esprit ?

JG — C'est cela, et davantage. Une tension naît de la concentration. Une énergie focalisée. Et soudain, en réponse, l'idée créatrice émerge d'un silence obstiné. La flèche part de la corde tendue.

JJA — Un « silence obstiné » serait donc le préalable ?

JG — Une détente. Péguy, dans les concours, le sujet une fois donné, reposait sa tête sur ses bras repliés, comme s'il sommeillait. Quelque temps après, excité soudain, sans ratures il couvrait les pages de sa haute écriture régulière. Novalis conseillait aussi, pour attirer l'esprit, d'être *un ange inoccupé*. L'ange symbolise ici la pureté et la vacuité.

JJA — Il y a dans tout cela une apparente contradiction. Faut-il, pour solliciter la mémoire, pour réveiller les énergies et susciter les idées, se concentrer, mobiliser la conscience, la focaliser, ou au contraire oublier, se détendre, se détacher ?

JG — Il faut les deux, comme dans le moteur à piston : compression, détente. L'attention seule engendre un spasme, une crispation qui, si elle durait, stériliserait l'élan créateur. Il faut dépasser le spasme de l'attention, ce mouvement de retour, de reprise, de réflexion, de ressentiment, qui est d'amour-propre.

JJA — Je suis émerveillé par ceci : la réponse est en nous, l'inspiration, contenue dans une constellation mystérieuse de neurones. Comment la faire surgir, mûre à point comme un beau fruit ? Est-ce surtout, je le répète, un problème de mémoire ?

JG — Pas seulement de mémoire, mais aussi de méthode. La mémoire peut même encombrer. Trop de germes sont là, qui veulent aboutir. La nature, la vie, agissent par longues somnolences et par surgissements. Il n'y a pas que la mémoire. L'esprit n'est pas un système fermé.

JJA — L'esprit est donc plus qu'un ordinateur. Il agirait à la manière d'un récepteur de radio, ouvert à toutes les voix de l'univers. Un mécanisme vivant qu'il faut apprivoiser, réveiller en douceur, éveiller ! Quelle est votre méthode ?

JG — Que ma réflexion soit intime, mais pas trop consciente. Qu'elle m'accompagne sans m'entraver, comme la pensée dans une conversation accompagne la parole. Toutefois, il faut penser avec obstination à son sujet, par une réflexion partisane, par un travail toujours repris et ce que Joubert appelait du *remâchement.* Faire silence, aussi ; se concentrer, recueillir les incitations diverses, les presser en soi comme des germes durs. Puis laisser faire, à la manière du peintre, du poète. Peindre, écrire, c'est regarder d'abord longuement l'objet, le sujet, tout en matant le désir de reproduire, d'écrire, jusqu'au moment où le dessin, la couleur, l'écriture, émanent de vous comme par surprise !

JJA — Tout travail, intellectuel ou manuel, pour être porté à sa perfection, exige donc la concentration de l'esprit. On ne l'apprend guère aux enfants dans les écoles.

JG — Tout travail implique une forte concentration de pensée. Il exige un oubli momentané de tout ce qui n'est pas lui. Il demande un effort soutenu, du courage. Mais chaque acte d'attention fervente nous contracte. Il nous crispe et dérange un équilibre.

JJA — Il engendre de la fatigue, que ce soit dans un domaine ou dans un autre. Rimbaud disait : « La main à plume vaut la main à charrue. » Trop de concentration amène une fatigue cérébrale. L'attention disjoncte. Que faire ?

JG — Se détendre. C'est par l'alternance de la détente et de la concentration qu'on assure le plus d'adhérence à la pensée. Mais qu'il est difficile à ce lourd cerveau d'observer une minute d'abandon ! Ne plus rien vouloir, ne plus rien savoir, ne plus rien faire ! C'est pourquoi la véritable concentration sur un travail, quel qu'il soit, est vertu.

JJA — Mais quelle joie lorsque le résultat correspond à ce que l'on attendait ou le dépasse !

Courage

Sous ce titre, nous regroupons trois vertus : le courage, la force (force morale) et le sacrifice (l'héroïsme).

Mots associés : bravoure, audace, hardiesse, fermeté, témérité, intrépidité, perfection, sainteté. *Antonymes* : lâcheté, poltronnerie, faiblesse, pusillanimité.

Citations : « On ne devient homme qu'en se surpassant. » (Aristote.) « Il n'appartient qu'au courage de régler la vie. » (Vauvenargues.) « Enfant, apprends de moi le courage, le vrai travail. À d'autres de t'enseigner le bonheur. » (Virgile.)

Définition : Du latin *cor* = cœur. « Rodrigue as-tu du cœur ? » demande le vieux père à son fils : du courage. (Corneille, *le Cid.*) En effet, le courage tient plus au cœur qu'à la raison. Il est avant tout générosité et on peut dire qu'il est à la base de toutes les vertus, à vivre tous les jours ; une lutte perpétuelle, non seulement dans son travail, dans sa vie familiale et sociale, mais aussi dans sa vie intérieure : lutter contre ses passions ou contre sa paresse.

C'est donc vraiment une force, la *force de l'âme*, ou force morale, l'une des quatre vertus cardinales, « la condition de toute vertu », confirme saint Thomas d'Aquin. C'est une puissance d'action, physique et morale. Une cause agissante qui produit un effet. Celle qui nous intéresse ici est une énergie morale, associée à l'intelligence, au travail et à l'amour. Une puissance de l'esprit et surtout du cœur liée à la vie, ce mystère. Elle s'exprime par le courage, qui porte à vivre malgré mille obstacles, et paradoxalement parfois à mourir, en donnant sa vie.

Le nouveau *Catéchisme* définit ainsi la force morale :

« Elle assure dans les difficultés la fermeté et la constance dans la poursuite du bien. Elle affermit la résolution de résister aux tentations délétères d'abandon et de mollesse, pour surmonter les obstacles. Elle permet de vaincre la peur même de la mort, d'affronter l'épreuve et la persécution, jusqu'au sacrifice de sa vie pour une juste cause[1]. »

Vertu du guerrier, le courage est aussi celle des hommes politiques lorsqu'il s'agit de déposer les armes. Il faut alors un courage inouï pour faire la paix.

Dialogue

JJA — Avant d'en arriver à cette perfection, le courage, fruit de la force morale, peut être défini comme une énergie morale qui porte à braver les difficultés, l'adversité, le danger, au lieu de les fuir.

JG — C'est cela. Le Senne a dit : « C'est la vertu de l'homme menacé, traqué par l'urgence du péril. » Le courage est une maîtrise intelligente de la peur chez les êtres vivants, même les plus faibles, en réaction contre l'instinct de conservation qui les porte à fuir après avoir cédé à la panique. « On sort de la peur par le courage », a dit Alain. On affronte au lieu de supporter.

1. *Catéchisme...*, *op. cit.*, art. 382.

JJA — V. Jankélévitch va encore plus loin lorsqu'il affirme qu'allant à contre-courant des instincts, le courage nous fabrique une surnature. Et il conclut par ce mot remarquable : « Le courage obéit à la vocation de l'esprit, qui est une vocation de liberté[1]. » Pour être courageux, il faut donc avoir peur ?

JG — Il faut d'abord n'être pas courageux, craindre, puis oser affronter. On pense au vers de Racine : « Et dans de faibles corps s'allume un grand courage. » Celui qui n'a jamais peur n'est pas courageux, il est aveugle, au mieux insouciant ou intrépide. C'est donc la peur reconnue et maîtrisée qui fonde le courage. C'est pourquoi, face à l'affrontement des épreuves, des difficultés de la vie, de ses doutes, le courage des doux, des faibles, des femmes est le plus significatif. Le courage, aussi, de ceux qui, terrassés, refusent de capituler.

JA — Le courage est-il ou non une vertu ?

JG — Il l'est totalement s'il est associé au sacrifice et à la charité. Il ne l'est que partiellement s'il est au service de soi-même. Étant une *force*, il peut être employé pour le bien comme pour le mal, à la manière de l'énergie nucléaire, au service de la guerre ou de la paix. Il n'est une vertu que s'il est au service du bien. Aristote a dit : « Les gens vraiment courageux n'agissent que pour l'amour du bien. » Sinon, ce n'est qu'un trait psychologique qui, moralement, ne prouve rien. C'est en ce sens que Voltaire a dit : « Le courage n'est pas une vertu, mais une qualité commune aux scélérats et aux grands hommes. » La motivation fait donc ou défait la vertu.

1. V. Jankélévitch, *op. cit.*, p. 391.

JJA — V. Jankélévitch dit que le courage est moins une vertu que *la condition* de réalisation des autres vertus.

JG — Ce point est capital. « Le courage, souligne le philosophe, est la joie de toutes les vertus, toute vertu qui aboutit au lieu d'avorter. Le courage est l'élément de triomphe virtuel qui est en chaque vertu, ce qui rend les autres vertus efficaces et opérantes[1]. » D'ailleurs, toute vertu est courage. Sans courage on ne peut pas être vertueux, car il est impossible de résister au pire, au mal, en soi ou chez un adversaire.

JJA — Réciproquement, les vertus augmentent le courage et le font durer.

JG — Pour être courageux, il faut en effet de la volonté, de la force, de la raison, bref de la vertu. Le courage moral implique une énergie durable de caractère, qui porte à avouer et à soutenir ce que l'on croit, même au risque de sa vie et de sa liberté. Pour durer, il exige de la mesure et de l'expérience. Mais aussi, parfois (à la guerre) de la rage et de la haine, anti-vertus, ce qui montre la complexité de ce sentiment, dont on a compris qu'il n'est une vertu supérieure qu'à condition de se donner.

JJA — Autre caractéristique du courage, il n'est jamais acquis ?

JG — Il faut toujours recommencer à le mobiliser, car la peur refoulée demeure embusquée.

JJA — V. Jankélévitch parle même de « la constante déroute de la chair craintive[2] ».

JG — Il y a deux sortes de courage : celui d'entre-

1. V. Jankélévitch, *op. cit.*, p. 405.
2. *Ibidem*, p. 366.

prendre et celui de durer, de persévérer, qui est le recommencement, ou la continuation du courage. C'est alors *l'endurance*, la persévérance.

JJA — Le courage de tous les courages, c'est celui d'affronter la douleur, physique ou morale.

JG — Par le courage, l'homme souffrant libère son âme de l'ego, comme s'il ne s'agissait plus de lui. Et c'est bien encore d'ego qu'il s'agit quand on a le courage de renoncer à son corps en acceptant la mort.

JJA — Quelle différence entre le courage et la *témérité* ?

JG — Aristote a répondu : « Le courage proportionne les risques encourus à la fin recherchée. Il se tient au juste milieu entre ces deux excès qui sont la lâcheté et la témérité [1]. » Le courage implique en effet une réflexion intelligente. La témérité, elle, n'examine rien, elle prend souvent des risques inutiles.

JJA — De la témérité à l'héroïsme il n'y a qu'un pas. Est-ce une vraie vertu dans toute sa pureté, puisque débarrassée de l'ego ?

JG — Le héros grec (*hêrôs*) est l'homme divinisé, le demi-dieu. Dans sa définition populaire, c'est celui qui se distingue par des actions extraordinaires jusqu'à donner sa vie pour une noble cause. C'est le courage porté à son extrême, c'est-à-dire libéré de la peur de la mort et purifié de tout intérêt personnel.

JJA — Traditionnellement, l'héroïsme est une vertu guerrière, acceptable à condition d'être débarrassée de la haine, la violence étant alors purifiée par le don de soi, le *sacrifice*, suprême courage. V. Jankélévitch le qualifie de « divine folie, comme l'amour ». C'est en ce

1. Aristote, *Grande Morale. Éthique de Nicomaque*, Garnier 1965.

sens, ajoute-t-il, que « le courage n'est pas une sagesse, bien plutôt une folie qui la renie [1] ». Une folie, puisqu'il ne s'agit plus de penser, mais d'agir. La pensée risque au contraire d'inhiber le courage en montrant les périls.

JG — La différence entre le courage et l'héroïsme est que ce dernier implique le sacrifice désintéressé de sa vie. Sur le champ de bataille ou dans la vie, le héros est celui qui s'expose alors qu'il pourrait rester à l'abri ; qui va chercher un camarade blessé ; qui, sous la torture et la menace de mort refuse de livrer ses camarades, et on pense aux héros de la Résistance pendant l'occupation nazie. Héroïque aussi est la mère qui se sacrifie pour un enfant malade, ou lourdement handicapé, l'infirmière pour des malades contagieux : celui ou celle qui va bénévolement secourir les blessés dans des pays en guerre ; les sauveteurs en mer, etc.

JJA — L'héroïsme, forme extrême du courage, n'a-t-il pas quelque chose d'excessif ? Il implique une surabondance de vitalité, jetée instantanément sur un point défini et presque sans penser, car le vrai héros n'est pas « raisonnable », puisqu'il est capable de s'oublier en refoulant son instinct le plus vital.

JG — Pour être pleinement raisonnable, il faut aller au-delà de la raison. Tout acte héroïque met la vie dans la balance, avec l'idée qu'il y a des raisons de vivre qui valent plus que la vie. On a parlé de la déroute de 1940. Il y eut aussi des actes d'héroïsme désintéressés et, j'insiste sur ce mot, conscients.

JJA — Avez-vous un exemple ?

JG — Le 22 mai 1940, une compagnie du

1. V. Jankélévitch, *op. cit.*, p. 380.

10e bataillon de chasseurs à pied se trouva isolée dans Blarégnies, cernée par des forces allemandes écrasantes. Elle repoussa pendant quatre heures les assauts furieux d'un régiment entier, puis, à bout de munitions, ne voulant pas se rendre, elle se rua sur l'ennemi, lui infligeant de lourdes pertes, avant d'être faite prisonnière. Les trois-quarts des officiers avaient été tués ou blessés. Son capitaine me raconta qu'ils n'avaient plus aucune espérance de survivre tandis qu'ils montaient à l'ennemi, baïonnette au canon. L'exaltation ne les portait pas, mais le calme, dans la simplicité d'un don total et doux. Force est de constater que l'héroïsme est une vertu que l'on retrouve dans toutes les civilisations. Elle est même à la base de leur fondation. C'est le mythe fondateur du héros et du saint. En somme, c'est l'idée de *perfection*, enracinée au cœur de l'homme et mise en action.

JJA — La perfection, c'est Dieu.

JG — C'est pourquoi l'héroïsme est une forme de mysticisme. « Donne ton sang et reçois l'Esprit. » On est comme soulevé au-dessus de soi-même au profit d'une grande action. Un héros que j'interrogeais sur l'héroïsme me disait : « C'est une sorte d'état second. » Il avait fait plusieurs actions d'éclat. Or je le voyais maintenant rentré chez lui, incapable de patience et de sagesse. « Il n'est brave qu'à la guerre », aurait dit Stendhal. C'est pourquoi l'héroïsme n'est pas une vertu cardinale, comme la force.

JJA — Mais comment l'expliquez-vous ?

JG — Je ne l'explique pas. Une sorte d'engrenage fait d'un homme quelconque, immergé dans l'enfer, à Verdun, Bir-Hakeim ou Stalingrad, un héros.

JJA — C'est comme une mobilisation de ressources

ignorées, et c'est contagieux. Le jeune chef paye d'abord de sa personne, il se sacrifie, il se jette en avant et tombe sous les balles, en entraînant sa section. À l'inverse, il y a une contagion de la lâcheté, c'est le « sauve qui peut ! » Mais ceci me frappe dans l'héroïsme : s'il concerne un être d'élite, c'est un penchant naturel qui se réalise. Dans le cas d'un homme quelconque, c'est comme une conversion.

JG — J'aime cette comparaison. J'ai souvent réfléchi sur le mystère de la condition militaire. Voilà un être ordinaire, souvent grossier, maladroit, obstiné, mutin, rouspéteur par essence, arraché à son milieu. On l'encaserne et on en fait un soldat : un homme capable de vivre sans désespoir pendant des mois ou des années dans un torrent de feu et de boue, et cela sans défaillance, alors qu'il pourrait se mutiner, se mutiler ou se suicider. Comment se fait-il qu'on obtienne si aisément le surhumain et l'héroïsme avec des hommes ordinaires qui, dans la vie ordinaire, seront médiocres, ivrognes ou révoltés, pantouflards, incapables de supporter une épouse ou un collègue ?

JJA — La discipline ?

JG — Elle n'a jamais fait les héros.

JJA — La fraternité des armes ? L'estime pour des chefs qui, les premiers, donnent l'exemple ?

JG — Peut-être. Et aussi l'humiliation du déshonneur, la crainte du jugement de la femme, ou des vieux parents, parfois eux-mêmes héros de la précédente guerre. Mystère. On prend un pauvre diable et on en fait un brave, parfois un héros, ce qui donne une haute idée de la nature humaine.

JJA — Ce passage du tout au rien me semble l'un des plus grands mystères de la nature humaine. Et s'il s'agissait de motivations ? On n'est le héros que d'une juste cause que l'on voit menacée ou d'un danger qu'on a le devoir absolu de conjurer. Je pense à la belle devise des sapeurs-pompiers, *sauver ou périr*, qui engage la totalité d'un corps.

JG — Au-delà des formations civiles ou militaires, il y a aussi ces cas innombrables, parfois secrets, d'héroïsme individuel, lorsqu'on se jette à l'eau ou dans le feu pour sauver une vie humaine inconnue. Mais l'héroïsme le plus pur est celui de tous les jours, de toute une vie, celui des mères de famille dans les situations difficiles, des malades qui, pour ne pas peser sur leur entourage, montrent un courage exemplaire.

JJA — Comment faire pour donner la force à ceux qui ne l'ont pas ou du moins à ceux, notamment les jeunes, qui auront un jour ou l'autre, à affronter les dures réalités de la vie ?

JG — Les exigences les plus dures donnent la vraie force. Si la jeunesse est désemparée, c'est qu'on n'exige pas assez d'elle. Ce sont les maîtres les plus sévères qui, dans le temps des études, nous aident le plus. Et les parents d'abord qui apprennent à vaincre les difficultés au lieu de les éviter.

JJA — Ceci est trop souvent oublié !

JG — Pour ma part, il me suffit de voir en moi les failles du savoir pour constater que je n'ai progressé dans la vie que dans les matières où j'avais connu des professeurs à la fois aimés et redoutables.

JJA — Et les saints ? Nous n'avons pas parlé des saints. Mais d'abord, qu'est-ce que la sainteté ?

JG — L'Église la définit comme étant la pratique régulière des vertus chrétiennes d'une manière héroïque. C'est ce qu'a fait sainte Thérèse de Lisieux.

Vivre une vie ordinaire d'une façon extraordinaire, dans son monastère. Et sa « petite voie » de simplicité, de discrétion et d'amour a bouleversé le monde.

JJA — La crise des vocations est certes une crise de la foi. Mais n'est-ce pas aussi une crise de la force morale, c'est-à-dire de l'héroïsme au quotidien, ou plus simplement du courage et de la générosité ?

JG — Oui. Il faut du courage pour accepter aujourd'hui d'être prêtre, moine ou moniale dans un monde sécularisé, tourné vers la recherche de la mollesse et du plaisir. C'est d'ailleurs de là que viendra le renouveau.

JJA — Malgré tant d'échecs ?

JG — Le recommencement, après l'échec, c'est le nom secret du courage. Pourvu que la motivation soit au rendez-vous. La foi.

Détachement

Mots associés : renoncement, dépouillement, abandon (en Dieu). Simplicité. *Antonymes* : attachement, avarice.

Citation : « Recevoir sans orgueil, perdre sans déchirement. » « Si tu peux voir détruit l'ouvrage de ta vie et sans dire un seul mot te mettre à rebâtir, tu seras un homme, mon fils. » (R. Kipling.)

Définition : Abandon volontaire de tout ce qui lie sans nécessité, en vue d'un bien moral et (ou) spirituel.

Le détachement est ce mystérieux mouvement de l'esprit qui porte à renoncer à ce qui est superficiel, vanité, apparence, et d'abord à son moi égoïste, envahissant, avide surtout de « réussir dans la vie », pour laisser place à des valeurs supérieures, auxquelles nous sommes destinés.

Dialogue

JG — La possession dépossède. Ne rien avoir, c'est être. C'est être libre. Lindbergh avait tout : la fortune et la gloire. Il a finalement reconnu : « Moins on possède, plus riche est notre vie. » Une certaine jeunesse, celle qui pense au lieu d'être pensée, l'a bien compris.

JJA — Vous qui êtes détaché de tout, excepté de l'éternité, si vous aviez un conseil à donner aux possédants, que leur diriez-vous ?

JG — Vous êtes propriétaire ? Mais qu'est-ce que cela veut dire ? Ce soir, ou demain, la mort vous enlèvera votre « propriété » ; elle n'est que très relative. Il faut s'en détacher. Ceux qui ne le peuvent pas sont de faux riches, car ils ne possèdent pas la richesse intérieure, la seule qui durera.

JJA — Comment reconnaissez-vous le détachement véritable ?

JG — Par son fruit immédiat, qui est une vertu de transparence. Cessant d'être ébloui par les lumières de cette fête foraine qu'est le monde, la pénombre de ma grotte intérieure s'anime. J'y trouve alors un Autre, que les chrétiens appellent Dieu. Une secrète connivence s'établit entre Lui et moi. Je sens qu'il tient à moi, non pour me corrompre par le bonheur, mais au contraire pour me soutenir, me hausser, me faire croître par les obstacles qu'il dose, par le dépouillement de l'accessoire auquel il invite. Et lorsque je réfléchis au rapport de ces événements avec mes prières, je m'aperçois que la présence de l'Être augmente en densité dans la mesure où je me détache, où je renonce à moi-même, où je tâche de m'oublier. Il faut s'efforcer à un abandon total. Lorsque cette perte de soi est réalisée, lorsqu'elle est liée à la joie, alors nous sommes maîtres des choses et l'événement nous est donné, gracieusement. C'est cette « pauvreté » qui rend riche. C'est la tempérance qui rend libre. C'est l'abandon qui rend puissant. Et c'est pour moi une preuve singulière de l'existence de Dieu. Mais le détachement ne suffit pas. Il doit déboucher sur le don de soi.

JJA — Il y a un mot très profond dans l'Évangile qui résume cela, lorsque Jésus dit : « Recherchez d'abord le Royaume de Dieu et sa justice, et tout le reste vous sera donné par surcroît. » Détachés du monde (simplicité) et immergés dans le malheur des pauvres (charité), des milliers de religieux et de religieuses apostoliques dont on ne saura jamais le nom réalisent cet idéal. Cependant, il n'y a pas que les religieux.

JG — Bien évidemment. Le détachement concerne tout le monde.

JJA — Mais comment y parvenir concrètement ?

JG — Le premier geste est de purifier son être, de le rendre plus détachable, plus léger, et de rompre les amarres. D'être déjà, en abandon et en désir, celui que l'on sera demain, celui que l'on a toujours été ! « Tel qu'en nous-même enfin l'éternité nous change », dit Mallarmé. Une chose est sûre : on ne possède que ce à quoi on a renoncé. Comme je me plaignais de ne pouvoir dormir, un ascète me donna ce conseil : « Renonce à dormir ! » De fait, ayant *renoncé* à dormir, aussitôt je m'endormis. À celui qui veut aller plus loin, je dirai : pour être vraiment libre, il nous faut toujours, dans le train de nos vies quotidiennes, nous intéresser aux choses et nous en détacher. Faire de son mieux, mais ne pas être anxieux des résultats.

JJA — Comment peut-on à la fois aimer les beautés de ce monde qui nous sont offertes et nous en détacher ?

JG — Il faut à la fois se détacher de tout et s'unir à tout. Ce n'est pas un paradoxe. Le mystère indicible de l'existence est dans l'entrelacement de ces deux mouvements de l'esprit, de ces deux fils qui composent notre tissu quotidien : familier et sublime. Avant tout, le détachement est simplicité.

JJA — Je pense à ce mot de Jung dans le *Commentaire sur le mystère de la Fleur d'or* : « La tâche serait assez simple si la simplicité n'était pas ce qu'il y a de plus difficile. »

JG — Oui. Le détachement est simplicité. Mais cela ne suffit pas. Le parfait détachement implique le dépouillement, *l'esprit de pauvreté* cher à saint François d'Assise, à saint Bernard et à Charles de Foucauld.

JJA — Mais jusqu'où cela va-t-il ?

JG — Diogène avait décidé, par esprit de détachement, de manger dans de la vaisselle de bois. Il aperçut un enfant buvant l'eau d'une fontaine dans le creux de sa main. Il brisa son écuelle de bois. « Cet enfant, dit-il, m'apprend que je conserve des choses inutiles. » Voilà le détachement dans sa forme extrême. L'esprit de pauvreté. On n'en a jamais fini. Un pauvre trouve toujours un plus pauvre que lui.

JJA — Étymologiquement, la pauvreté, c'est l'état de celui qui est dépourvu du nécessaire. Tout autre est l'*esprit de pauvreté*. C'est le détachement des biens de ce monde au profit des valeurs spirituelles et altruistes. Ainsi, la pauvreté devient richesse : « Heureux les pauvres en esprit, a dit Jésus, le Royaume est à eux. » Mais s'agit-il seulement de la pauvreté d'esprit ? Le Christ a été clair avec le jeune homme riche, qui lui demandait « comment être parfait » : « Vends tous tes biens, donne l'argent aux pauvres et suis-moi. »

JG — Il s'agit là d'une pauvreté radicale réservée

à « ceux qui veulent être parfaits », par le moyen de l'ascétisme. C'est l'exception.

JJA — Mais le Christ a dit, c'est clair : « Il sera difficile aux riches d'entrer dans le royaume des cieux. »

JG — C'est-à-dire dans le royaume de la Simplicité, qui permettra de « voir Dieu ». Expérience très riche, spirituellement. Il y a détachement par rapport à ce qui n'est pas essentiel. J'ai connu cela en Allemagne entre 1940 et 1945, dans mon camp de prisonniers. Comment comprendre et aimer les vrais pauvres si l'on n'est pas pauvre soi-même un jour ?

JJA — Dans le monde de demain, l'austérité des riches sera-t-elle nécessaire pour permettre aux pauvres de survivre ?

JG — On ne demande pas aux riches d'être austères mais d'être tempérants et de partager. Le monde est un. La justice et l'amour demandent la solidarité, une égale répartition de la privation. On souhaite au moins un retour à plus de simplicité dans la vie. La nécessité y obligera. Il vaudrait mieux que ce soit volontaire. Certes, les gens ne veulent pas être pauvres, c'est évident. Et pourtant, ils admirent une certaine pauvreté volontaire, lorsqu'elle n'est pas hypocrite et qu'elle a tout donné : le père de Foucauld voué aux pauvres du Sahara ; mère Teresa aux pauvres de Calcutta. Cette approbation est un premier pas vers une certaine pauvreté d'esprit qui amorce le détachement véritable. Elle peut convertir.

JJA — Difficile d'être un vrai pauvre en esprit !

JG — La perfection est toujours difficile ! L'essentiel est d'entrer dans un esprit de perfection. Le détachement nous y aidera. D'abord, la simplicité. Elle rendra le partage plus facile.

JJA — Surtout si tout est soutenu par un esprit d'amour. Au fond, les seuls riches, ici-bas, ce sont ceux qui aiment !

JG — Ici-bas... et ailleurs.

Douceur

Mots associés : mansuétude, aménité, bénignité, compassion. *Antonymes* : dureté, âcreté, âpreté, austérité, brutalité, sévérité.

Citations : « Plus fait douceur que violence » (La Fontaine, *Phébus et Borée*.) « Bienheureux les doux, ils possèderont la terre ! » (Matthieu, 5,4.) « La douceur est la première des forces et la première, peut-être, des vertus. » (Teilhard de Chardin, *Être plus*.)

Définition : Du latin *dulcis*, la douceur est une qualité de l'âme qui dispose à tout accepter avec un calme inspiré par la bonté. Elle porte à l'indulgence et attire l'affection. Comme l'amour, c'est une qualité spécifiquement féminine. Cela tient sans doute à la fonction maternelle qui, au fil des millénaires, a sélectionné la douceur comme étant la condition de survie du nouveau-né. « La douceur de la mère est toute sa foi », a dit Albert Camus.

La douceur s'oppose pacifiquement à la dureté, à la violence, à la haine, et là encore on constate que presque tous les crimes de sang (en dehors des infanticides) sont commis par des hommes.

André Comte-Sponville définit la douceur comme « un courage sans violence, une force sans dureté, un amour sans colère, une paix intérieure, la seule qui soit une vertu, souvent trouée d'angoisse et de souffrance, parfois illuminée de joie et de gratitude, toujours dépourvue de haine, de dureté, d'insensibilité [1]. »

Pourquoi, en dehors du plaisir qu'elle apporte aux autres, la douceur est-elle une vertu ? Parce que, sans en avoir l'air et sans violence, elle maîtrise la violence. C'est donc une force, bénéfique, celle, toute pacifique et altruiste, de Jésus, de Bouddha, de Gandhi, de Martin Luther King, de mère Teresa, prix Nobel de la Paix.

La douceur est la vertu complémentaire et inséparable de l'amour civilisé. Elle est opportuniste en ce sens qu'elle se soumet au réel, mais, comme la femme vis-à-vis de l'homme, pour se l'approprier... en douceur, en se donnant à lui en retour.

La douceur est sagesse en cela qu'elle encourage et suscite le respect, l'ouverture et l'accueil. « Elle rend l'humanité plus humaine ». (C.S. 249).

La douceur risque-t-elle de tomber dans la lâcheté ? Non, à condition de ne rien céder à la peur. Peut-elle sacrifier l'honneur ? Seulement au profit d'une vertu plus haute : la charité. Prôner la non-violence ? Oui, à condition de ne pas entraîner une violence plus grande. Pour demeurer une vertu, elle ne doit jamais tolérer l'injustice.

Dialogue

JJA — Vous avez un jour répondu au « questionnaire de Marcel Proust » en donnant votre qualité préférée : pour un homme, l'union de la force avec la douceur. Pour une femme, l'union de la douceur avec la force.

1. A. Comte-Sponville, *op. cit.*, p. 245.

JG — La douceur, vous venez de le dire, n'est une vertu que si elle est aussi une force.

JJA — Autrement dit, il faut que la virilité s'adoucisse et que la douceur ne cède pas à la faiblesse, ne s'affadisse pas, comme dans ce joli vers de Ronsard : « Une douceur si doucettement douce. »

JG — Va encore pour Ronsard. Mais il ne faut pas confondre douceur et indulgence passive, permissivité. Prenez l'éducation des enfants. Leur obstination se durcit lorsqu'on cherche à la briser, alors que la douceur persuade. Il s'agit là d'une douceur qui ne cède pas sur les principes. Elle reste au service d'une volonté qui discerne, qui fait fleurir et fructifier, une volonté d'amour.

JJA — La douceur est un terme qui évoque le bonheur. On pense à la femme.

JG — Oui. C'est une vertu toute féminine. Elle évoque ce qui plaît aux sens sans les heurter et en leur donnant l'impression qu'ils s'écoulent dans les objets. La main, l'œil, l'oreille, la bouche, le nez, la langue, savent discerner ce qui est doux. La douceur est une qualité morale quand elle s'oppose à la dureté, à l'âpreté, à l'aigreur. La parfaite douceur vient d'une possession entière de soi-même. Elle est alors, nous l'avons souligné, la plénitude de la force. La Rochefoucauld a dit : « Il n'y a que les personnes qui ont de la fermeté qui puissent avoir une véritable douceur. »

JJA — On pense au Christ qui chasse les marchands du temple, fustige les pontifes du Sanhédrin, tient tête au procurateur romain, mais laisse le disciple aimé reposer sa tête sur sa poitrine et murmure : « Je suis doux et humble de cœur. »

JG — C'est la *mansuétude*. Elle exprime une douceur

constante, inaltérable, devenue l'état habituel d'un être équilibré. Ce monde a grand besoin de douceur s'il veut survivre et échapper à la violence barbare, qu'on voit sans cesse renaître, même dans les plus vieilles civilisations. J'ai toujours dit et écrit qu'il serait sauvé par les femmes, par leur douceur. Oui, c'est par elles que l'humanité, enfin, deviendra humaine.

JJA — Par culte de la virilité, à l'image du père, les garçons oublient vite les souvenirs de douceur qui leur viennent de leur mère. Aussi sont-ils tout surpris de redécouvrir, adolescents, la douceur féminine au contact d'une jeune fille. Pour ma part, je n'ai jamais cessé d'y être sensible. Mon premier souvenir de douceur féminine me vint, enfant, au spectacle d'un accident de la route. Une auto avait heurté le cheval d'un paysan. L'homme des villes se disputait avec l'homme des champs, chacun rejetant la responsabilité sur l'autre, ignorant le pauvre animal blessé qui gisait à terre. Toute la souffrance du monde s'était concentrée dans son regard où brûlaient les derniers feux de la vie. Une petite fille passait. Elle se pencha sur le cheval, entoura sa tête de ses bras et lui déposa un baiser sur le museau. Je compris ce jour-là ce qu'était la douceur.

Espérance

Mots associés : espoir, optimisme, attente. *Antonymes* : désespérance, désespoir, pessimisme.

Citations : « Ce qui m'étonne, dit Dieu, c'est l'espérance, et je n'en reviens pas. Cette petite espérance qui n'a l'air de rien du tout. Cette petite fille espérance. Immortelle. » (C. Péguy, *Le Porche du mystère de la deuxième vertu*.) « L'espérance est un acte de foi. » (M. Proust, *Les Plaisirs et les jours*.) « L'espérance est la plus grande et la plus difficile victoire qu'un homme puisse remporter sur son âme. » (G. Bernanos, *La Liberté, pour quoi faire ?*)

Définition : Du latin *sperare*, l'espérance est une disposition de l'esprit qui le porte à croire à la réalisation de ce qu'il souhaite. C'est donc à l'origine un penchant inné qui fait que dans la vie on sera optimiste, par opposition au pessimisme. Ce « plus » que l'enfant trouve à sa naissance est une caractéristique essentielle de la vie. Avec l'âge et les déboires, l'espérance tend à diminuer, c'est alors qu'elle devient une vertu. On apprend à la cultiver, comme on s'accroche à la vie, cette merveille, même si on sait que l'on va vers la mort. La plus haute espérance est alors de refuser la mort, c'est-à-dire l'absurde ; d'entrer dans le mystère de la vie surnaturelle, que constitue l'espérance religieuse, ouvrant sur la survie de l'esprit. « Chaque homme dans sa nuit s'en va vers la lumière », dit Hugo, le poète de l'espérance. En ce sens, on peut écrire que l'espérance est une vertu vivifiante, alors que le pessimisme est une déviation de l'esprit, qui le ronge comme un cancer.

On doit enseigner l'espérance aux jeunes tout en les mettant en garde contre l'illusion et l'euphorie. En effet, l'espérance conditionne la réussite matérielle, morale et spirituelle, le bonheur et la vie. Contrairement à la devise de Guillaume d'Orange, bien nommé le Taciturne, il est *nécessaire* d'espérer pour entreprendre. Le déclin de la civilisation dans une société vieillie procède souvent de la victoire du pessimisme sur l'espérance. Au contraire, une civilisation qui monte croit en la vie, à la joie, au bonheur, et au-delà en la survie de l'esprit.

L'espérance est donc comme un rêve éveillé. En vertu de l'adage : « tout ce que l'homme rêve, lui ou ses descendants finiront un jour par le réaliser », elle constitue l'un des moteurs positifs qui porte l'humanité en avant, et s'oppose à la loi d'entropie, ou dégradation de l'énergie, qui règne sur le monde physique. Non seulement l'espérance se rit des échecs, mais la vie prend appui sur eux pour les surmonter.

L'immortalité de l'âme constitue la plus forte espérance qui puisse animer un être humain, en ce sens qu'elle s'oppose à la mort et à la tentation du néant. Les religions monothéistes nées de la tradition mosaïque ne s'y sont pas trompées. Saint Paul rappelle qu'« Abraham espéra contre toute espérance, il crut et devint ainsi père d'une multitude de peuples ». (Rom. 4,18).

Le nouveau *Catéchisme* souligne l'importance de l'espérance : « Par elle nous désirons la vie éternelle en mettant notre confiance dans les promesses du Christ[1]. » « Cette vertu répond à l'aspiration au bonheur placé en Dieu dans le cœur de tout homme. Elle dilate le cœur dans l'attente de la béatitude éternelle[2]. » Attente plus forte encore chez les mystiques : « Espère, ô mon âme », écrit Thérèse d'Avila, qui évoque pour les élus de Dieu « un bonheur et un ravissement qui ne pourront jamais finir ». Si l'on remonte à son essence, l'espérance est théologale : elle a Dieu pour objet.

Dialogue

JJA — L'espérance est une tension de l'esprit. Elle procède de la disposition naturelle d'un tempérament optimiste. En quoi est-elle une grande vertu ?

JG — Elle l'est surtout chez ceux qui n'y sont pas portés naturellement. Il faut distinguer l'*espoir* et l'*espérance.* L'espoir peut décevoir, tandis que l'espérance ne trompe pas, ne confond pas. L'espoir qu'il fera beau demain, ou que l'on gagnera au tiercé n'est pas une vertu. L'espérance de la vie éternelle est la seconde vertu théologale. L'espérance qu'on ne fera rien contre l'honneur est aussi une belle vertu. C'est encore cette espérance invincible, cachée au cœur de l'homme, qui lui permet d'agir, de semer, de fonder.

JJA — Même à notre époque de doute, de violence, de périls ?

JG — Vous connaissez ce mot d'un résistant cueilli à l'aube par la Gestapo : « Nous vivions dans la crainte ; maintenant, nous allons vivre dans l'espérance. » Oui !

1. *Catéchisme..., op. cit.,* art. 1817.
2. *Ibidem,* art. 1818.

Cette foi en l'avenir obscur, qu'on nomme l'espérance !

JJA — Je comprends enfin ce passage de l'Évangile, qui contient tout le mystère de l'espérance : « On donnera à celui qui a. Mais à celui qui n'a pas, ce qu'il a lui sera enlevé. »

JG — Il faut une grande espérance au cœur même de la détresse et du malheur. Celui qui en a peu, qui ne garde pas une foi vive, ce peu et le peu qui lui reste de vie lui seront enlevés. En effet, l'espérance ordinaire ne suffit pas. Ce n'est pas assez d'espérer être heureux dans l'avenir, de se disposer à la perspective du mieux. Le signe d'un esprit fort est, dans les difficultés, d'être heureux maintenant ; de tirer de l'épreuve les éléments de sa force et de son indéfectible espérance.

JJA — Quelle est la première image de l'espérance ?

JG — Le nouveau-né est espérance. Comme le soulignait Virgile, l'enfant commence la vie par un sourire à sa mère. Un sourire d'espérance. Puis c'est l'espérance de la jeunesse, l'élan vers le futur, essence du présent. Mais que cet élan cesse, que défaille l'espérance, alors le présent retombe en mélancolie. Voyez cette jeunesse désabusée, sans travail, sans but...

JJA — Ce monde est difficile. Certains estiment que notre civilisation est dans l'impasse. En l'an 2000, peut-on encore parler d'espérance à cette fraction de la jeunesse qui ne croit plus en l'avenir ?

JG — Depuis Hiroshima, l'espérance a changé de nature. Elle était humaine, elle est devenue divine. Avant le feu nucléaire, l'humanité croyait au progrès indéfini. Or, nous en parlions au début de ces entretiens, nous approchons d'un seuil où il faudra choisir entre disparaître, et survivre après une mutation. Nous approchons d'événements inouïs et nous sommes entre les mains de Dieu. C'est cela la vraie, la pure, la forte, l'intime, la délicieuse espérance. Celle qu'Abraham exerçait, avançant dans sa nuée lumineuse en « espérant contre toute espérance », c'est-à-dire en ayant la foi. Cette espérance demeure obscurément — lumineusement ! — dans le cœur de tous les hommes. Sans elle, pourquoi vivraient-ils ?

JJA — L'espérance suppose donc une vue spirituelle des choses. Ce n'est pas le propre du monde actuel dans lequel nous vivons.

JG — Seule l'espérance qui enveloppe la foi peut permettre à l'espèce humaine de franchir ce cap de notre civilisation. Le moment est arrivé où l'humanité devra, si elle veut survivre, faire un choix capital : le mystère ou l'absurde ; l'être ou le néant. Sartre a choisi le néant. J'ai choisi l'être et l'espérance invincible. L'espérance chrétienne est l'attente de la béatitude, la foi en la parole du Christ : « Dieu est amour. » Et en retour, « l'amour espère tout », ajoute saint Paul.

JJA — Est-ce le sens du mot de Malraux : « le XXIe siècle sera religieux ou ne sera pas » ?

JG — Oui. La science va rejoindre la métaphysique. L'homme cessera alors d'être divisé. Telle est notre espérance. Tout se passe comme si nous étions faits pour autre chose, pour un avenir irréalisé, pour un bonheur non encore obtenu, pour un « autre monde », pour une « autre vie », pour une libération des apparences oppressives, pour une victoire sur la mort — laquelle demeure le scandale absolu. Parvenu à la fin de ma vie terrestre, j'imagine mon *avenir*, dont je jouis déjà avec ce frisson d'incertitude qui ensemence l'espérance.

JJA — Où trouver aujourd'hui les donneurs d'espérance ? Les hommes politiques ont tellement déçu !

JG — L'espérance peut venir du dehors à condition de trouver un écho dans sa propre profondeur, l'esprit, et surtout le cœur. « Ose devenir ce que tu es ! » Comme l'a dit Mgr Elchinger, c'est un ressort vigoureux dont la résistance et le jeu dépendent avant tout de facteurs spirituels. À nous de cultiver ce trésor.

Exactitude

Mots associés : précision, ponctualité, fidélité, rigueur, justesse, régularité. *Antonymes* : relâchement, laisser-aller, mollesse.

Citation : « L'exactitude est la politesse des rois. » (Louis XVIII.) « J'ai failli attendre ! » (Louis XIV.)

Définition : Du latin *exactus*, achevé. Qualité de ce qui est exact : juste, rigoureux, conforme à la vérité, à la réalité ou à un modèle. Ponctualité : faire à point nommé ce que l'on doit faire. Arriver à l'heure dite.

Dialogue

JG — J'ai toujours été fasciné par le temps. Prenons donc comme exemple la ponctualité. Il y a deux sortes de personnes. Les unes sont en avance, les autres sont en retard. Dans quelle catégorie vous rangez-vous, Jean-Jacques Antier ?

JJA — Je suis presque toujours en avance. Lorsque, par exception, je suis exactement à l'heure, c'est que je suis en retard. Je me sens moralement en retard...

JG — C'est ce que je craignais pour vous ! Votre

peur maladive du retard vous amène à une sorte de retard, un retard à rebours. Un retard d'avancc !

JJA — Je l'avoue. Le scrupule me tourmente. Que ferais-je sans ma montre ? Elle est à la fois mon tourment et ma sécurité. Je me demande si elle ne va pas me lâcher. Et cela lui arrive parfois, de la manière la plus sournoise. Elle s'arrête sans prévenir, puis elle repart !

JG — Vous l'épuisez ! Vous la consultez souvent et il n'y a pas une marge de dix minutes entre cette montre et l'heure fixée.

JJA — Dix minutes, c'est peu dire...

JG — Vous éprouvez du côté du cœur un vague malaise...

JJA — Un malaise très précis. Un tourment. Quand j'ai un rendez-vous, j'arrive avec une certaine avance. Je me détends dans l'attente préliminaire. J'enrage si mon partenaire est en retard. Il l'est toujours !

JG — Vous êtes un *avancitaire*.

JJA — C'est grave, docteur ?

JG — C'est désastreux, surtout si, invité à quelque dîner, vous arrivez en avance.

JJA — Ma femme ne cesse de me le répéter !

JG — Les femmes sont toujours en retard. D'après le *Traité de la politesse* du duc de Lévis-Mirepoix, arriver en avance de dix minutes frise l'incorrection. En revanche, un quart d'heure de retard est très bien vu. Je vous conseille H + 5.

JJA — Alors, je ne puis arriver tout bêtement à l'heure ?

JG — Je ne vous le conseille pas. C'est vraiment fatigant et parfois dangereux.

JJA — Jean Guitton, après cela, oserez-vous me dire ce qu'est l'exactitude ?

JG — L'exactitude, c'est la liberté des autres.

JJA — Vous voulez dire la charité ? Ah ! je comprends ! Et je vous promets d'arriver désormais cinq minutes en retard, mais pas plus. Expliquez-moi maintenant les ressorts du retardataire et de l'« avancitaire ».

JG — C'est un problème à la fois futile et grave, lié à la perception que nous avons du temps. Que manque-t-il au retardataire ? Savoir apprécier la quantité de temps et surtout la somme d'efforts qu'il peut loger dans un temps donné. L'homme exact est doué sous ce rapport. Il connaît la durée écoulée par une sorte de sens intime. En se réveillant la nuit, il peut même apprécier quelle heure il est sans attendre d'avoir consulté sa montre.

JJA — Voilà qui me laisse perplexe et admiratif. Ce sens du temps, cette faculté de se représenter l'avenir en profondeur, de voir par avance quelle quantité d'ouvrage et surtout quelle quantité d'action on peut y loger serait utile à chacun. Pourquoi ne pas la cultiver ? La vie sociale en serait facilitée.

JG — Ne rêvons pas...

JJA — Vous n'allez pas défendre le retardataire !

JG — Juste un peu. C'est au fond un fantaisiste. Ou un poète, friand de ce léger frisson que l'on éprouve lorsqu'on a juste le temps de faire ceci ou cela. Il aime ce risque et il y succombe. L'esprit humain est ainsi fait qu'il a horreur de la contrainte. Souvent, il triomphe plus aisément des obstacles quand il les surmonte sans y penser et comme en se jouant. La nécessité peut donner un coup de fouet et un élan. Dans la dernière heure se cache une inspiration spéciale. Le retardataire pourrait ainsi cultiver son talent, utiliser ce défaut.

JJA — J'ai oublié de vous demander : êtes-vous un retardataire ou un « avancitaire » ?

JG — Oui, je l'avoue. J'aimais arriver cinq minutes en retard. J'avais cette manie heureuse, comme ma mère.

JJA — Pourquoi « j'avais » ? Vous ne l'avez plus ?

JG — Oh moi ! le temps ! Ne suis-je pas déjà dans l'éternité ?

JJA — Dom Norbert Calmels a pourtant dit de vous : « Jamais pressé, mais toujours à l'heure[1]. »

JG — Je n'ai pas toujours été à l'heure. Je suis distrait de nature. Mais écoutez cette histoire : Après que j'eus parlé au concile, Paul VI m'invita à dîner, à la *Seconda loggia*. À la fin du repas, il me dit : « Pour vous souvenir de ce jour, et comme vous avez scruté le mystère du temps, je vais vous donner une montre que vous n'aurez pas besoin de remonter, ô philosophe distrait ! » Il est vrai que depuis ce jour elle ne s'est jamais arrêtée et que je suis toujours à l'heure, ou presque.

JJA — Que ce « presque » vous soit laissé, puisque vous y trouvez le bonheur et la liberté !

1. Norbert Calmels, *Rencontre avec Jean Guitton*, Fayard 1976.

Fidélité

Mots associés : confiance, persévérance, loyauté, amitié, amour. *Antonymes* : infidélité, versatilité, déloyauté, perfidie, trahison, inconstance.

Citations : « Le plus lent à promettre est souvent le plus fidèle à tenir. » (Anonyme.) « Qui de nous en tout temps est fidèle à soi-même ? » (Andrieux, *Contes*.) « Dans le doute, il faut choisir d'être fidèle. » (F. Mauriac, *Bloc-notes*.)

Définition : Du latin *fidelis*, de *fides*, foi. Exactitude à remplir ses engagements et à tenir ses promesses. Fidélité à ses propres convictions, à sa foi religieuse, à ses amitiés, à ses amours.

La fidélité est la base des vertus, puisque la vertu est la fidélité à la loi du bien. Elle exclut la trahison. Elle a donné le mot « fidèle » pour désigner le croyant exemplaire. Elle a le mérite de s'attacher aussi aux causes perdues, à l'ami malheureux, aux absents, vivants ou morts. Elle s'oppose à l'opportunisme vénal, elle demeure désintéressée. « Permanence de toute culture, elle fonde seule la vie spirituelle et morale[1] », dit V. Jankélévitch.

Elle implique la *persévérance*, son problème étant de

1. V. Jankélévitch, *op. cit.*, p. 444.

surmonter le temps, d'échapper à l'ennui, à l'habitude, aux tentations extérieures d'infidélité. « La vraie fidélité, dit encore Jankélévitch, est le cœur de la patience. Elle s'installe dans la fidèle quotidienneté de l'amour[1]. »

L'épreuve de la fidélité donne toute la mesure de l'amour. « Sans fidélité nous n'aurions que des vertus de protozoaires. La fidélité fait de l'éclair une clarté, de l'étincelle une lumière[2]. ».

Toutefois, la fidélité ne doit pas conduire à l'obsession, à la jalousie, à l'accaparement de l'autre, négation même de l'amour. Il y a donc un juste milieu à trouver, dont la mesure est le respect et la liberté de l'autre.

En contre-partie, l'objet de la fidélité doit être pur. Aristote conseille de n'être pas fidèle à ses amis s'ils deviennent pervers, car alors on devient leur complice dans le mal. Sacha Guitry, cynique mais logique, conseille d'être infidèle à une femme qui change de caractère et de comportement. Ainsi, le grand argument de l'infidélité conjugale est qu'il, ou elle, a changé. Mais ce raisonnement peut entraîner des abus. On devient le complice de l'infidélité. On tombe ainsi dans l'inconstance, la trahison, le mensonge, et finalement dans un déséquilibre, un mal-être, en détruisant la valeur même de l'amour.

La fidélité se rencontre beaucoup plus dans l'amitié que dans l'amour, tout au moins dans l'amour-passion, instable de nature. C'est pourquoi, dans un couple, la tendre amitié, plus que la passion, est le gage de la durée, de la fidélité.

Vertu conjugale par excellence, la fidélité est difficile à respecter car, si l'amour va de soi (on ne peut imaginer *dans l'instant* un amour autrement que fidèle), dans

1. V. Jankélévitch, *op. cit.*, p. 421.
2. *Ibidem*, p. 444.

la durée l'être humain est tenté de rompre la fidélité au nom d'un autre amour, qui se présente sous l'aspect du tentateur. La fidélité est alors rompue par « l'élan aventureux, le surgissement de l'être hors du silence, le battement d'aile de l'Oiseau de feu. Le principe nocturne remet en cause l'engagement. De nouveau, il nous faut l'insécurité, le danger qui rôde, le cœur qui bat, le vin du printemps qui sent la guerre et l'aventure ». (VJ. 449). Et voilà un nouvel amour qui commence, aussi fort et aussi neuf, aussi absolu. On se jure fidélité jusqu'à la mort et on est sincère.

Dans la vie de tous les jours, la fidélité fonde le devoir, ce qui est nécessaire mais combien difficile dans un monde où tout change.

Pour être vertu, la fidélité choisira donc ses valeurs, au nombre desquelles on mettra l'amour-charité, le don de soi, la noblesse de caractère et naturellement la loyauté. Elle les choisit et s'efforce de leur demeurer fidèle, sans fanatisme, tout en acceptant périodiquement de les rajeunir.

Ce fut le problème de l'Église au concile Vatican II, qui s'efforça d'être fidèle à l'essence du message christique, en le dépoussiérant de ses rajouts historiques accessoires et en opérant les changements nécessaires, pour s'ajuster au monde moderne. Rester fidèle à soi-même ne veut pas dire demeurer immobile. Il n'est de fidélité que vivante.

Ainsi comprise, la vertu de fidélité, soumise à la loi morale, qui pour le croyant est « divine », pour le libre penseur « naturelle », fonde la culture, la civilisation, en un mot l'homme. Elle demeure un combat permanent.

Dialogue.

JJA — Le problème est : comment demeurer fidèle à ce qui change ? Prenons d'abord l'amour.

JG — Il ne faut pas se tromper d'amour. Les femmes redoutent avec raison d'être aimées seulement pour ce qu'il y a en elles de fugitif, de temporaire, comme leur jeunesse, et leur beauté qui se fanera. La vraie fidélité est ailleurs. Elle prend sa source dans l'amour plénier, qui s'adresse à la totalité de l'être, à ce qui ne passe pas.

JJA — Ce qui n'est pas évident, car on n'est pas toujours fidèle à soi-même, aux promesses de sa jeunesse.

JG — C'est pourquoi une identité ne peut durer identique à elle-même qu'en se renouvelant sans cesse. L'amour conjugal ne peut aujourd'hui traverser le long temps de l'existence qu'en un effort perpétuel d'inventions, de surprises et de métamorphoses. Et aussi de rajeunissement. Les époux doivent revenir à leur source. Les promenades la main dans la main, les cadeaux, les petits soins ne doivent pas disparaître.

JJA — L'existence pourvoit aussi aux métamorphoses.

JG — Mais il faut savoir les intégrer pour rester fidèle à ce que l'autre a aimé en vous. La difficulté de la vie est de conserver l'identité sous des formes variées. C'est aussi cela, la fidélité, qui doit être inventive. C'est d'ailleurs le mystère de toute existence : se renouveler en restant le même et pour rester le même. Art suprême de la vie à deux. Ainsi, l'amour ne sera pas « une passion qui passe par l'habitude de vivre ensemble », selon le mot cruel de François Mauriac.

JJA — Après la fidélité conjugale, parlons de la

fidélité religieuse, tout aussi complexe. Pourquoi perd-on la foi ? Comment devient-on infidèle ?

JG — J'ai réfléchi sur les destinées tragiques, celle de Renan, ancien séminariste ; celles de prêtres comme Loisy qui, ayant perdu la foi de leur vocation, ne purent dès lors être *fidèles* à leurs vœux.

JJA — Après la « révolution » de Mai 68, il y eut ainsi des infidélités massives.

JG — Oui. Et je me dis en secret : « Que faut-il faire si l'on est prêtre ? Faut-il demeurer encore, malgré l'hypocrisie ?

JJA — Vous connaissez l'histoire de la vocation de médecin psychiatre de C.G. Jung ? Son père était pasteur. Il le voyait prêcher avec application, mais sans conviction intime, car ce pasteur avait perdu la foi. Et son regard aigu d'enfant précoce ne s'y trompait pas. Plus tard, le jeune Jung fit un rêve effrayant : il vit Dieu écraser l'église de son père sous un excrément !

JG — Faut-il demeurer fidèle, malgré le risque d'hypocrisie ? Faut-il se séparer ? Comment Dieu jugera-t-il les uns et les autres ? Je n'ai pas de réponse à cette question.

JJA — Il me semble que l'on peut rester fidèle à son église, même si l'on a perdu la foi, à condition que cette église reste pure et fidèle à l'esprit de son fondateur. C'est la vertu de patience, qui est, selon le mot de Jankélévitch, « la nue vertu du temps ». Espérer contre toute espérance ; accepter avec humilité la nuit de l'esprit. Alors, du fond de la vacuité, le miracle se produira peut-être. La foi sera rendue. Qui sait si à l'instant ultime de sa mort le pasteur Jung n'a pas entendu Dieu qui l'invitait à entrer dans son amour infini et fidèle ?

JG — Je partage votre option. Il faut rester fidèle à l'espérance, à ce qui vous a fait naître et grandir. Ceci pour la foi en Dieu. Autrement ardue est la fidélité en matière de doctrine ! J'en sais quelque chose ! Le pape m'avait confié la mission impossible de persuader Mgr Lefebvre de demeurer fidèle à l'Église romaine.

JJA — Et vous avez échoué. Côté doctrine, Mgr Lefebvre avait peut-être partiellement raison, l'avenir le dira. Mais il n'a pas eu la patience et l'humilité, comme les évêques qui pensaient comme lui, de demeurer fidèle à l'Église qui s'exprimait par la voix du pape et de la grande majorité des pères du concile. Il a rompu l'unité.

JG — En quoi il a sans doute eu tort. Car en matière de doctrine, l'Histoire et l'Église finissent toujours par donner raison à ceux qui ont eu raison, même à contre-temps. L'Église a donné raison à Galilée, elle a canonisé Jeanne d'Arc, elle béatifiera peut-être le père Lagrange, qui osa fonder la critique scientifique de la Bible. Teilhard n'est plus à l'index. L'Église les avait condamnés, ils se sont inclinés, ils sont restés fidèles.

Foi

Mots associés : croyance, confession, conversion, œcuménisme. *Antonymes* : athéisme, incrédulité, incroyance, scepticisme.

Citations : « Si vous aviez la foi, rien ne vous serait impossible. » (Mt. 17, 20.) « Ta foi t'a guéri. » (Luc 18, 42.) « Crois et tu comprendras. La foi précède, l'intelligence suit. » (Saint Augustin, *Sermons*.) « Quand on va au cœur de sa propre religion, on accède au cœur de toutes les religions. » (Gandhi.)

Définition : Du latin *fides* : engagement, lien. La foi est l'adhésion de l'intelligence à la vérité.

Toutes les religions ont été fondées par un personnage charismatique bénéficiant de l'expérience de Dieu, parfois envoyé par Lui pour éclairer les hommes.

Malheureusement, l'expérience religieuse n'obéit pas aux critères actuels de la science occidentale, pour laquelle ce qui est « réel » est ce qui peut être observé partout et par tous et reproduit. Aussi un fossé s'est-il creusé entre la science et la foi, car l'expérience des mystiques n'est donnée qu'à une infime minorité et n'est pas reproductible.

La foi religieuse s'appuie sur une révélation divine transmise par des prophètes et fixée par des textes sacrés. Pour un chrétien, la foi est une libre adhésion de l'esprit aux vérités révélées par le Christ et enseignées par l'Église. Celle-ci s'efforce de montrer que la foi surnaturelle n'est pas contraire à la raison, mais l'accomplit, en lui faisant connaître des vérités qui la dépassent et enrichit ainsi le trésor de ses connaissances et de sa croissance spirituelle.

Dieu étant par essence insaisissable, il est difficile d'établir un critère commun de la foi appliquée à toutes les religions. C'est pourquoi les églises ont établi des dogmes, des articles de foi. Dans les États totalitaires, autrefois comme aujourd'hui, l'adhésion du pouvoir politique au dogme a souvent entraîné une obligation abusive d'adhérer à la foi et aux pratiques religieuses. Cet abus, ajouté à celui du pouvoir temporel et des richesses ecclésiastiques, ont fondé la notion démocratique de laïcité et provoqué en Occident la séparation de l'Église et de l'État. Les dépositaires de la foi avaient oublié la règle d'or, le libre agrément, exprimé par le concile de Tolède : « Ne faites violence à personne pour l'amener à la foi. »

L'Église d'aujourd'hui l'a compris. « La foi est la première vertu théologale, dit le nouveau *Catéchisme*. Elle affirme la croyance en Dieu et à tout ce qu'il nous a dit et révélé et que la sainte Église nous *propose* de croire[1]. » « Par la foi, l'homme s'en remet tout entier *librement* à Dieu. » « Elle est la substance des choses que nous espérons », avait déjà dit prudemment saint Paul.

La tendance actuelle de l'Église romaine est fortement sociale. Si le juste vit de la foi, il agit par amour. « Sans les œuvres, la foi est vaine », avait encore dit saint Paul. La foi est intimement associée aux deux autres vertus théologales, car « privée de l'*espérance* et

1. *Catéchisme...*, *op. cit.*, art. 1814.

de l'*amour*, la foi n'unit pas pleinement le fidèle du Christ et n'en fait pas un verbe vivant de son corps [1] ».

En conclusion, la connaissance (relative) de Dieu procède de trois approches : 1) L'expérience mystique personnelle, sentiment indescriptible qui s'empare de la totalité de l'être. 2) L'adhésion (la foi) par la raison. 3) L'adhésion confiante à une tradition qui est transmise par les Écritures, par la famille et par les maîtres. Ainsi, nous dit André Frossard, « se distinguent et s'unissent dans l'architecture de la vie spirituelle la part de l'intelligence et celle du don, comme dans le vitrail la part de l'œuvre humaine et celle de la lumière [2]. »

Dialogue

JJA — D'où vient la foi ? Et comment se fait-il que dans une même famille, certains l'ont, d'autres pas ?

JG — La foi est d'abord un don de Dieu. Avoir la foi, c'est ressentir au plus profond de son cœur une impression durable et bouleversante qui ne peut se comparer qu'à l'amour, qui est l'Amour dans sa perfection et sa quintessence. « C'est le cœur qui sent Dieu et non la raison », disait Pascal. S'il est vrai que dans les sciences, savoir c'est aussi chercher, combien plus dans la foi, où la différence est immense entre le domaine de ce qui est connu et de ce qui est inconnaissable et qui n'est pressenti que par l'amour, à travers les ombres. Ce clair-obscur invite à une recherche qui ne finit pas. On retrouve cet élan dans toutes les religions, de toutes les époques. Si ce sentiment religieux

1. *Catéchisme..., op. cit.*, art. 1815.
2. André Frossart, *Dialogue avec Jean-Paul II*, Laffont 1992, p. 70.

s'affadit, peut demeurer la « carcasse » : dogmes, images, souvenirs, traditions. Ils aident dans la « traversée du désert », ou dans les « nuits de l'esprit » décrites par les mystiques. Mais cela ne suffit pas. Celui qui ressent la soif de Dieu veut davantage.

JJA — Alors la foi, c'est comme l'amour ?

JG — Comme l'amour, c'est s'unir d'avance à ce qu'on sera. *Ferme les yeux et tu verras*, c'est l'adage et le paradoxe de la foi. Celui qui l'a ne vérifie pas, ne palpe pas, ne voit pas. L'enthousiasme vous possède lorsque vous sentez Dieu caché au fond du cœur, le principe qui vous anime et vous permet de créer.

JJA — La foi vient donc de Dieu. Elle est donnée. Mais elle n'est pas toujours donnée. En ce cas, on peut se référer à la raison et à la tradition.

JG — C'est vrai. Le mystère caché, la bonté et le sens de chaque chose ne s'atteignent pas par la seule approche mystique. Il faut encore un pari raisonnable que tout est bon derrière le mal, que derrière les nuages le doux soleil brille encore. Cette assurance est la foi.

JJA — Et le plus souvent, l'enseignement naturel de la foi vient, par tradition, de la famille. « Le premier trésor de mon âme, c'est la foi franche et naïve de mes parents », a écrit Jean XXIII dans son *Journal de l'âme*.

JG — Pour ma part, je la tiens effectivement de ma mère. Elle m'a appris à ne jamais séparer la vie de l'intelligence et la vie de l'âme ; la part intellectuelle de moi-même et la part spirituelle, seul moyen d'échapper à la sécheresse que le travail de la réflexion porte dans les sources de notre sensibilité. Son exemple me fit choisir non pas l'absurde et le néant d'une vie sans but transcendant, mais le mystère de l'amour divin offert.

JJA — Quand avez-vous fait ce choix ?

JG — En 1911, lorsque j'ai fait ma première communion.

JJA — Ce fut pour vous une illumination ?

JG — Rien d'extraordinaire. Une impression de paix, un détachement calme, une *simplicité*. Je voudrais faire ici une comparaison. L'incroyance fondamentale de Maurice Martin du Gard, comme de beaucoup d'esprits brillants, provient de sa déception lors de sa première communion. Cherchant la connaissance, il s'était attendu à quelque chose d'éblouissant, de merveilleux. Et soudain... rien. Impression atroce de la promesse non tenue. Alors, il fallut faire *un acte de liberté*, de raison.

JJA — Pour sa part, Thérèse de Lisieux choisit la foi, ce qu'elle exprima dans un saisissant raccourci : « Oser la confiance. »

JG — Choisir entre le néant, cette absurdité, et le mystère. Comme Sartre, il choisit le néant. Je choisis le mystère : ce ciel qui s'offrait puis s'échappait, comme pour nous inviter à monter. J'ai eu soudain la conscience intense de ce mystère et de la liberté. Je sentis le combat entre la foi et l'incrédulité. Ce fut le moment le plus solennel de ma vie. Car en me sauvant de l'absurdité, je sauvais la liberté, qui n'existe que quand elle se subordonne au mystère.

JJA — Selon la définition de saint Paul, « le mystère (du grec *mustés*, initié), est la substance de ce qu'on ne voit pas », « une chose obscure en elle-même et qui éclaire tout le reste, nous dit André Frossard, une invisible source de lumière à laquelle s'expose l'intelligence contemplative[1] ». Cependant, quelques êtres auront approché dès ici-bas Celui qu'on ne nomme pas.

JG — Oui, ce sont les *mystiques*, ces adorateurs du Mystère. Le mystique découvre par expérience que Dieu est amour. Ce sont les explorateurs d'un monde inconnu[2].

JJA — Donc, la foi religieuse nous est proposée, soit directement par Dieu lui-même, soit par la tradition. Abordons maintenant les questions pratiques : les conséquences de la foi. Est-ce l'oubli de cette « bonne nouvelle » annoncée il y a deux mille ans par « Celui qui a les paroles de la vie éternelle », qui aboutit aujourd'hui au désarroi d'une certaine jeunesse privée de repères, à laquelle on n'a donné d'autre idéal que la consommation et qui s'est octroyée l'usage immodéré du sexe ?

JG — L'incroyance d'une jeunesse ne s'explique pas par le désir de la liberté sexuelle. Mais si l'on postule que Dieu n'est pas, alors on croit que tout est permis. On peut toujours risquer de transgresser les règles humaines. Avec Dieu qui voit tout on ne peut pas. Donc, si Dieu n'est pas, le franchissement des interdits prend l'attrait d'une exploration qu'il faut faire.

JJA — Mais le prix à payer est lourd. Faisant allusion à « son siècle déicide », Romain Rolland disait : « Comme mon âme est essentiellement religieuse, c'était moi-même, sans le savoir, que l'on tuait. » Voilà

1. A. Frossart, *op. cit.*, p. 173.

2. Jean Guitton et Jean-Jacques Antier ont exploré ce monde dans un livre que nous avons publié en 1993, *Les Pouvoirs mystérieux de la foi* (NDE).

pourquoi la dégradation des mœurs va de pair avec la perte de la foi qui caractérise notre époque.

JG — Il faut distinguer l'agnosticisme de la science, laquelle, lassée de ne pouvoir saisir Dieu expérimentalement, s'en est détournée pour ne se consacrer qu'aux seules choses visibles ; et l'athéisme, qui prétend que Dieu n'existe pas, ce qui est une forme négative de croyance. L'homme vraiment athée n'a pas encore paru, parce qu'il y a encore des présences souterraines. Le jour où l'on imposera à l'humanité une civilisation athée, une culture, une éducation athées, on réveillera d'une manière violente le fond religieux de la nature humaine. Alors surgira une renaissance de la spiritualité. L'idée de Dieu n'étant plus imposée du dehors par une culture, une civilisation, elle jaillira des profondeurs de l'homme.

JJA — Qui vous fait croire à ce miracle ?

JG — Ne sommes-nous pas à l'image de Dieu ? Pendant des siècles, Dieu a été imposé du dehors à des consciences humaines qui ne l'avaient pas pleinement accepté du dedans. Nous ne sentons pas la faim de Dieu parce que nous n'en sommes pas sevrés. Il arrivera un moment où l'on aura tout autant besoin de Dieu que l'on a besoin de nourriture.

JJA — J'aime ce mot : « faim de Dieu ». Le cardinal Marty disait : « Je travaille Dieu un peu comme je travaillais mon jardin lorsque j'étais curé pendant la guerre : pour manger et non pour avoir des fleurs. J'ai toujours faim de Dieu. »

JG — Oui. Cela redeviendra une nécessité vitale, une aspiration sauvage et pure de l'être tout entier, comme en Pologne et en Union soviétique pendant la dictature stalinienne.

JJA — « Se connaître, c'est tout simplement connaître la présence de Dieu en soi », écrivait saint Augustin dans ses *Confessions*. Pourquoi les jeunes — et des moins jeunes — ont-ils tant de mal à faire ce choix ?

JG — Il y a un malentendu à l'heure des choix. Nous venons de le dire, les jeunes rejettent l'autorité traditionnelle au nom de la liberté. Tragique malentendu ! Dieu ne prend pas notre liberté ; c'est tout le contraire. En élargissant la vie humaine à l'infini, Dieu donne la seule liberté vraie. L'autre est factice. La preuve, c'est que cela ne marche pas, ou si mal.

JJA — On doute de tout, par principe.

JG — C'est la règle scientifique. Il faut distinguer *voir* et *croire*. Je vous vois et je n'ai aucune peine à croire en votre existence. Mais Dieu, je ne le vois pas. Pour croire, je dois subtiliser à l'acte simple de voir un acte complexe qui demande ouverture, intuition, intelligence, vertu, confiance, amour, et beaucoup de volonté, de travail et de persévérance. Car rien n'est jamais durablement acquis. Il faut vaincre la nuit de la foi que connaissent même les saints. La science paraît plus certaine que la foi. Son exigence tient dans l'observation des phénomènes courants.

JJA — Que n'observe-t-elle les phénomènes religieux !

JG — Certains le font. Mais attention ! On a tendance à distinguer deux fois : l'une, populaire, frisant la superstition, admettant les miracles ; l'autre, éclairée, savante, faisant des choix. Cette dissociation de la foi dont l'une méprise l'autre n'est pas admissible. Seule compte l'expérience de Dieu. La sensation qu'il existe et qu'il nous aime. La foi ne peut être différente selon les niveaux de culture. Pagnol priait avec le peuple. D'ailleurs, la méthode divine est de privilégier la foi des petits, des bergers, des pauvres, comme si elle contenait sous une forme discrète cette essence que le savoir obscurcit et parfois dissout.

JJA — La foi des enfants ! Un million de jeunes à Paris aux Journées mondiales de la jeunesse, autour de ce pape physiquement épuisé, comme Jésus au Calvaire, mais spirituellement porteur de lumière !

JG — Jeunes ou vieux, ignorants ou savants, il faut être vrai, c'est-à-dire humble devant Dieu pour être capable de recevoir son amour. Avoir ce regard vers le Père, ce regard qui s'appelle la confiance.

JJA — Tout est simple pour qui possède la connaissance directe de l'amour divin. Tout est compliqué pour les autres. Par exemple, comment soustraire au changement l'essence de la foi ? L'exégèse biblique a montré qu'on ne pouvait suivre à la lettre les Écritures.

JG — Il faut distinguer l'enseignement symbolique, comme dans la *Genèse*, et les témoignages de ceux qui ont vu, les apôtres. La foi chrétienne n'a pas changé quant à son fond depuis les origines. Il y a une permanence du vrai.

JJA — Mais pour la majorité des gens, leur foi est dans la foi de ceux qui les ont précédés ; une foi coutumière, donc sujette à contestation.

JG — J'espère en un temps nouveau où, par fidélité à la convergence des témoins, la foi redeviendra pleinement l'objet de la raison ; non un pari dans la nuit, mais une approche obscure.

JJA — Une découverte personnelle. On en revient toujours à l'expérience spirituelle, mystique pour certains.

JG — Cette foi sera analogue à une passion, à un amour, sentiment obscur né dans les profondeurs, qui précède et qui dirige ce qui émerge dans la conscience. Je cherche à explorer ce domaine et à découvrir en moi ce secret absolu. Humble et patient effort dans l'attente que se révèle le Mystère.

JJA — Aimer, c'est croire en quelqu'un. Pourquoi Dieu laisse-t-il le doute au cœur de l'homme ?

JG — C'est le prix de la liberté. La foi ordinaire ne peut être que le travail de la raison humaine à partir de l'expérience totale des mystiques. Mais celle-ci est réservée à quelques-uns, car pour s'arracher au monde matériel, il faut un engagement de tout notre être, après épuration de l'esprit et de la chair.

JJA — Alors, que dit cette raison éclairée ?

JG — La vie, la conscience humaine, le monde cosmique avec son organisation, la « nature » si parfaite, l'art, les techniques, l'amour et ses mystérieux dépassements, l'intuition, ce sont là de prodigieux phénomènes que le hasard seul ne saurait expliquer, parce que l'organisé ne peut pas sortir de l'inorganisé, sauf si une volonté créatrice le féconde.

JJA — Des scientifiques à la pointe de la recherche y viennent peu à peu. Ainsi le célèbre biochimiste néo-zélandais Michael Denton affirme que « plus on pénètre au cœur du système vivant, plus on constate que les mécanismes de son développement ne sont pas dus au hasard mais définis par une nécessité. La vie est donc un processus dirigé [1]. » Mais que conseillez-vous à celui qui ne croit pas ?

JG — La méthode de Bergson. Parti d'un positi-

1. Michael Denton, *L'évolution a-t-elle un sens ?*, Fayard 1997.

visme sans préjugés, il s'ouvrit à *l'expérience* totale. Cette méthode le conduisit à retrouver la réalité de la liberté, de la durée, de la mémoire, de la spiritualité. L'étude et l'expérience lui permirent d'entrer dans le secret de la Cause transcendante et de la définir par l'amour.

JJA — La raison est utile pour acquérir ou revenir à la foi. Elle n'est pas suffisante. Saint Grégoire de Nysse disait : « Les concepts créent les idoles. Seul le saisissement nous rapproche de Dieu. » Être *saisi* par Dieu, voilà le problème.

JG — Nous l'avons dit : il faut une âme d'enfant.

JJA — J'ai été frappé par ce témoignage d'un prêtre, d'un priant, le père Stan Rougier : « Mes études au séminaire me plaisaient, mais elles ne me donnaient pas la capacité de rejoindre Dieu, parce que la part de prière était trop faible. J'aspirais à un silence total, à m'enraciner en Dieu dans la vie contemplative. Dieu n'est pas au bout d'une accumulation de connaissances. C'est par l'émerveillement qu'on le rejoint [1]. » Alors, on n'enseigne plus l'expérience mystique au séminaire ?

JG — L'a-t-on jamais enseignée ? C'est une expérience purement personnelle, comme l'amour.

JJA — Mais que répondre aux incroyants qui nous disent que la foi est d'un autre âge et s'apparente à la superstition populaire, comme on le voit dans les rites vaudous, par exemple ?

JG — La frontière est difficile à tracer, puisque tout acte religieux devient « superstition » aux yeux de qui le regarde sans croire. Pour moi, est superstitieux tout

1. Stan Rougier, *op. cit.*, p. 61.

geste détaché de l'attitude d'esprit et de cœur qui le porte et qui l'éclaire, tout acte qui détache le moyen de la fin, tout ce qui n'est pas dépassé. Est superstitieux celui qui voit dans la prière ou le pèlerinage un procédé, par exemple pour faire fortune. Inversion de la religion, la divinité ou tel saint est alors conçu comme lié par le rite magique, mis en condition par une technique. Le fond de la religion est au contraire de se donner à Dieu, sans intérêt, voire contre tout intérêt, à l'exemple d'Abraham, le père de la foi.

JJA — Par amour, par pur amour. Un dernier mot, sur l'*éternité*, qui vous a tellement occupé. Est-ce parce que vous avez vécu si longtemps que vous savez que rien ne s'achève ?

JG — Je sais que toute existence doit être interrompue avant de s'accomplir. La mort est un passage. Elle ouvre sur la lumière et sur la vérité.

JJA — Il n'y aura plus alors la foi, mais la certitude et la joie, l'accomplissement. Dieu parachèvera le don qu'il nous a fait de la vie, en se révélant à nous. On aura « la vision de Dieu face à face », selon le mot de saint Paul. Vous le croyez ?

JG — Je le sais. Comme William James à qui l'on demandait ce qu'il pensait de l'immortalité de l'âme, je peux dire : « Je me sens incomplet, inachevé, embryonnaire. Et, comme l'enfant nouveau-né, prêt à vivre, enfin ! »

JJA — Mais en attendant ?

JG — Aller de moment en moment, sans prévision, sans crainte, comme si la voie s'ouvrait toujours, comme si le secours divin ne nous manquait jamais. S'établir en Dieu dans un acte de foi, où collaborent toutes les puissances de l'âme. S'abandonner à l'Amour, comme Élisabeth de la Trinité : « *M'établir en vous, ô mon Dieu, immobile et paisible, toute éveillée en ma foi, toute adorante, toute livrée à votre action créatrice.* »

JJA — Ceci devrait être l'acte de foi de tout croyant. Pouvez-vous maintenant définir votre foi chrétienne ?

JG — Voici : Un homme était l'Amour. Dans le monde, on a enfin entendu l'Amour. Mais le monde ne veut pas de l'Amour. Alors, il a été rejeté et crucifié. Et ceux qui avaient été témoins de l'apparition de l'Amour étaient dans le désarroi. Puis ils ont vu le Christ sorti du tombeau et ils ont cru à l'Amour. Je crois à tout cela comme à un fait historique, miraculeux et mystérieux. Cela veut dire que l'Amour a vaincu la mort et qu'à tout être humain est désormais offerte une participation à cette vie éternelle de l'Amour vainqueur de la mort.

Harmonie

Mots associés : union, paix, communion, équilibre, mesure, modération, amitié, amour conjugal. *Antonymes* : mésentente, dissentiment, haine, confusion.

Citations : « Mais la nature est là qui t'invite et qui t'aime. » (Lamartine, *Méditations poétiques*.) « Entre deux individus, l'harmonie n'est jamais donnée, elle doit indéfiniment se conquérir. » (S. de Beauvoir, *La force de l'âge*.)

Définition : Du latin (emprunté au grec) *harmonia*, arrangement, ajustement. Accord parfait entre les parties d'un tout. Harmonie de l'univers, vivre « en parfaite harmonie », en famille ou en société.

L'harmonie du corps, qui définit la bonne santé, procède d'un accord entre les divers organes. On se sent « bien dans sa peau ». Mais le corps est solidaire de l'esprit, et réciproquement.

D'après Leibniz, le péché, le trouble apporté par le mal, romprait l'harmonie préexistante voulue par Dieu.

Effet de l'harmonie : la joie, qui résulte de cet accord entre l'homme, ses semblables et la nature. Pour le croyant, l'harmonie résulte de la conscience intime du plan de Dieu dans sa vie et de sa libre mise en œuvre.

Dialogue

JJA — L'harmonie est-elle une vertu ? Peut-on tendre vers l'harmonie, comme on tend vers la bonté, par exemple ?

JG — Au-delà de l'effort et du repos, il existe un état supérieur à l'un et à l'autre, auquel il convient de se disposer : un état d'équilibre et d'harmonie où les organes de l'esprit ont leur libre jeu ; l'état de l'aisance, le non-effort, la grâce.

JJA — Moraliste, vous êtes aussi sensible à la *beauté*. Vous la cultivez.

JG — Oui. Cette association des deux mots, bonté et beauté, évoque pour moi une harmonie fondamentale, que j'ai éprouvée dans la solitude de ma campagne de la Creuse, où j'ai trouvé le secret de toutes choses : la mesure et la paix. Ici, la beauté et la bonté de la beauté surgissent de toutes parts. Chaque heure est un univers, avec son climat, son équilibre propre, sa plénitude, sa suffisance.

JJA — Son harmonie. Pour ma part, je la trouve dans un paysage maritime où s'allient la douceur accueillante, maternelle de la terre, et le mystère de la mer dans son invitation à partir. Mais la nature évoque aussi tout ce qui a une fin, car tout se fanera.

JG — L'hiver n'est pas la mort, mais la métamorphose dans la beauté, et d'une beauté elle-même imprévue dans une autre Beauté. Mais je reviens à la vallée de mon enfance, Fournoux dans la Creuse. L'harmonie découlait de la rencontre improbable entre ces quatre éléments : un bois, une rivière, une campagne cultivée, une maison ayant traversé les siècles. Le bois de Fournoux n'écrase pas la maison bien qu'il la couronne. La Tarde n'attire pas les regards, bien que ses eaux murmurent. Dans ce paysage si français, la maison attire, comme la prunelle sur un visage. Il faut que tout être ait un foyer, un point indivisible qui le rassemble et le résume tout entier. Et si ce point n'existe pas, l'art des jardins doit l'y placer.

JJA — Le jardin, justement ! N'est-ce pas dans l'art du jardin qu'excellent la mesure et l'harmonie ?

JG — Oui. Mais l'harmonie naît aussi de la conciliation des contraires. Le bois de Fournoux contenait plusieurs zones, les unes sauvages, les autres déjà apprivoisées. La dernière était enclose dans le jardin. De sorte qu'entre la maison, le jardin et le bois, c'est-à-dire entre le côté explorable pour l'enfant, et l'inexplorable, il y avait des passages, des degrés. Cette expérience des degrés et de l'impossibilité où j'étais de passer sans transition d'une zone à l'autre m'a aidé plus tard dans mon approche de l'œcuménisme, qui est celle de l'harmonie entre les cultes.

JJA — L'harmonie n'est-elle pas aussi liée à une certaine notion d'inconnaissable, de secret, que l'on retrouve dans les couples les plus unis, parce que chacun respecte le secret de l'autre, son harmonie intime ?

JG — Oui. Le jardin derrière la maison était couvert par la tendresse, mais aussi par l'interdiction, comme l'était le jardin où Ève tenta Adam. Une interdiction frappait la beauté. On ne devait pas couper certaines fleurs. Est-ce là que j'ai eu pour la première fois l'idée qu'au-delà des jardins et des parcs il y quelque chose de plus beau qu'eux, le jardin absolument secret, le « paradis », la dernière demeure vide et sainte, comme le saint des saints dans le temple juif ?

JJA — L'harmonie suprême, inaccessible en ce

monde, mais dont la seule idée nous fait vibrer de joie ! Je pense au jardin zen, et aussi au cloître cistercien, où la profondeur spirituelle jaillit de la simplicité.

JG — Cette idée se retrouve chez les mystiques et les poètes. Il existe en chaque domaine de l'être un inviolable, un ineffable harmonieux, quelque chose qui est tu ou indicible. Tous ceux qui, comme moi, ont le bonheur de savoir lire la Bible, connaissent le chant harmonieux qui, à l'intérieur, est son jardin secret.

JJA — Le jardin secret intérieur, c'est le socle sur lequel repose toute harmonie humaine. C'est ce jardin intérieur qu'il faut rechercher, retrouver, puis cultiver amoureusement comme ce jardin zen fait de simplicité et de symboles. Alors, on verra éclore les vertus qui sont comme des fleurs fragiles : la douceur, la paix, la bonté. Toute une vie n'est pas de trop pour se transformer en vue de l'harmonie, en créant l'harmonie autour de soi.

JG — Lorsqu'on s'éloigne du tumulte bruyant de la vie urbaine contemporaine, on sent naître en soi une mystérieuse aspiration vers l'harmonie, qui s'exprime discrètement, comme une source cachée sous les mousses. C'est cela qu'il faut retrouver, pour changer en beauté et en bonté ce qui demeure en nous d'inexprimable et d'insoluble, un trésor caché !

JJA — Comment procéder, concrètement ?

JG — Comme avec le jardin. Il faut le cultiver amoureusement au fil des jours, le nettoyer, le défricher, d'abord. Tailler. Cela revient à entrer dans l'intime de soi-même et procéder, chaque soir, à ce que l'on appelait autrefois l'examen de conscience. Quels sont mes actes de la journée qui heurtent la loyauté, la charité, l'amour, en un mot l'harmonie ? Ceci fait, on plantera dans le jardin nettoyé. Planter, c'est enfouir une graine de ce qui est appelé à naître, à croître, en vue d'embellir, d'ombrager, d'harmoniser, de nourrir. La lecture me semble un outil idéal pour cultiver ce jardin.

JJA — Et la musique.

JG — Tout ce qui apporte l'harmonie. Ainsi va-t-on créer un jardin secret, qui servira de refuge dans les heures de doute et de sécheresse. Le soir est propice à cette création, lorsque la nuit étend son manteau sur la ville ou sur la campagne. On saura que l'on a réussi lorsque l'appel de cette heure intime se fera aussi impératif que la soif. Et on n'imagine pas comme il est facile d'y satisfaire. À condition d'avoir un petit coin à soi, un peu de silence et de solitude.

JJA — N'y a-t-il pas une tentation et un risque d'égoïsme dans cette démarche ?

JG — Si l'on va jusqu'au bout, on échappera à ce risque. Qui pourrait se plaindre, dans notre entourage, de nous voir plus équilibré, heureux, harmonieux ? Plus capable de maîtriser désormais les conflits ?

JJA — Pourrions-nous étendre aux sociétés humaines cette réflexion sur l'harmonie ? Tenter une synthèse de cette humanité, si complexe, parfois si opposée, fille de la tour de Babel ? Faisons un rêve. Imaginons l'Orient et l'Occident réconciliés. Pas seulement au plan de la foi. J'imagine une harmonie entre les cultures, chacune donnant ce qu'elle a de meilleur.

JG — Il est clair que l'Orient et l'Occident, comme deux frères séparés, ou plutôt comme deux moitiés d'un même univers, devraient s'entr'avertir et s'entraider, chacun donnant ce qui manque à l'autre.

JJA — On obtiendrait ainsi cette harmonie qui

semble faire si cruellement défaut dans l'espèce humaine, sinon par le désir. Faisons ce rêve ! Historiquement, la rupture vient du XVIIIe siècle, lorsque les « savants », à la suite de Descartes, Newton, Bacon, ont opté en Occident pour une vision mécaniste du monde, développée par une *méthode* rigoureuse, rationaliste. Le substrat du monde n'a plus été l'esprit, mais la matière. La « réalité » était une vaste machine qu'il était possible de démonter pour observer ses parties élémentaires. Ce *réductionnisme* primaire a fini par englober l'esprit, considéré comme un effet de la matière, et non l'inverse. Tout ce qu'il n'était pas possible de « réduire », comme la mystique et l'intuition, a été nié. Ainsi a été cassée la vision harmonieuse et indivisible de l'univers, la perception profonde et complémentaire de la nature de la matière et de l'esprit humain. Aujourd'hui, l'Occident pâtit d'une pseudoscience, qui prétend que le vivant est une machine.

JG — Avec les Grecs et les Romains, la machine humaine à penser a été conçue en Occident. Elle acquit plus tard une technique supérieure qui lui permit de dominer le monde. Elle possédait aussi une religion supérieure, celle du Dieu unique incarné, qui lui apportait la sagesse. Mais il aurait fallu que l'Occident fût saint pour qu'en lui le corps de la civilisation soit soumis à l'esprit, et la technique à la sagesse. C'était trop demander, peut-être.

JJA — Toutefois, on ne peut pas nier l'apport de la philosophie orientale en Occident. Mais c'est étrange, on dirait que la semence ne germe pas, même si elle est reconnue bénéfique. Les publications sur la sagesse orientale sont à la mode, mais l'essentiel nous échappe : son harmonie.

JG — Oui. C'est un étrange paradoxe. C'est bien grâce aux contacts avec l'Orient, avec le monde juif, avec l'Islam, avec l'hindouisme ou la Chine, que des Occidentaux désabusés ont pris conscience des germes spirituels qu'ils possédaient, mais qu'ils ne cultivaient pas. On sait la secousse qu'a été pour le petit-fils de Renan, Psichari, la rencontre avec la piété musulmane. Il a fallu la voix du muezzin et le désert pour lui faire découvrir l'adoration.

JJA — Même itinéraire pour Charles de Foucauld. Et pourquoi faut-il que ce soit Gandhi qui nous réapprenne le sens des *Béatitudes* et cette prière qu'il appelait la clé du matin et le verrou du soir ?

JG — C'est bien la même interrogation que Bonaparte posait à Chateaubriand au retour d'Égypte : « Qu'est cette chose inconnue que les cheiks, tournés vers l'Orient, adorent au milieu du désert ? »

JJA — Pas seulement les cheiks. Les plus humbles chameliers ; les esclaves noirs. C'est bien le même Dieu qui nous appelle ; la même Harmonie.

JG — L'Orient contemple tandis que l'Occident agit. Tout lui est proposé, mais il n'a jamais bien su se concevoir ni organiser ce *repos* qui est la source de l'action.

JJA — Et pourtant, les Grecs possédaient la sagesse.

JG — L'Occident enseigne la sagesse, mais il ne la pratique guère. C'est qu'il a trop à faire. Pour lui le monde n'est pas, comme en Orient, qu'une apparence, mais lourde glaise qu'il lui faut remuer. Il travaille. Il produit. Tout est toujours en chantier. Le ferment juif et chrétien communique à l'Occident une inquiétude permanente, le sens du péché, l'idée qu'il y a toujours une réforme, un progrès, un aménagement possibles, le désir de faire partager et d'échanger ses biens et ses idées, le besoin de la propagande, l'horreur de la stagnation.

JJA — Les Orientaux semblent avoir l'éternité devant eux. Chez nous, le moment présent a une valeur infinie. Ils confondent le spirituel et le temporel. Qui a raison ? Où est l'harmonie ?

JG — L'Orient confond et l'Occident discerne. La liberté qui résulte de ce discernement est une valeur occidentale. C'est ainsi que l'Occident et l'Orient ont besoin l'un de l'autre pour obtenir leur plénitude et trouver l'harmonie. Pendant des siècles ils se sont ignorés. Puis, à l'occasion des conquêtes coloniales, ils se sont regardés, ils ont cohabité. Parfois, ils se sont touchés. S'ils s'unissaient enfin, l'Occident entrerait dans le repos, l'Orient dans le travail et l'humanité connaîtrait l'harmonie.

JJA — Je crois que l'Orient a déjà trouvé le travail. Voyez le Japon, la Corée du Sud, Taïwan, Hong-Kong et bien d'autres. La Chine se réveille. Puisse l'Orient ne pas trop s'occidentaliser, perdre ses valeurs spirituelles. Puisse-t-il réussir la synthèse harmonieuse.

JG — Le problème premier, sous-jacent à tous les autres, est celui de l'harmonie entre le corps et l'esprit, entre la foi et la raison, entre le travail et le repos. Angoisse de notre Occident depuis des siècles. Et ici je ne peux m'empêcher de citer saint Paul, cet homme à la fois si rationnel, si fondateur et si croyant : « J'ai achevé ma course, j'ai gardé la foi. » Il a réalisé l'harmonie entre l'action et la contemplation.

JJA — Est-ce que ce problème d'harmonie ne se résume pas dans ce mot de Rimbaud : « Il me sera possible de posséder la vérité dans une âme et un corps » ?

JG — Oui. Tel est notre espoir.

Humilité

Mots associés : discrétion, modestie, dépouillement, détachement, simplicité. *Antonymes* : prétention, orgueil, vanité, arrogance.

Citations : « Là où est l'humilité, là aussi la charité. » (Saint Augustin.) « Les plus généreux ont coutume d'être les plus humbles. » (Descartes, *Traité des passions*.) « Pour l'humilité, je n'y comprends pas grand-chose. Je sais que Dieu est et que moi je ne suis pas. » (Marthe Robin.) « L'humilité est l'antichambre de toutes les perfections. » (Marcel Aymé, *Clérambard*.)

Définition : Du latin *humilitas* et aussi de *humus* : terre végétale décomposée, pour rappeler à l'homme qu'il est poussière et retournera à la poussière.

V. Jankélévitch souligne dans son *Traité des vertus* le caractère paradoxal de l'humilité, « infime et suprême à la fois, fondement des vertus [1] ». Pourquoi fondement ? Parce qu'être humble, c'est se reconnaître tel qu'on est : peu de chose. À partir de ce constat, la vie est transformée. On cesse de vivre dans le mensonge du superlatif et d'être insupportable aux autres. « Si la petitesse est notre vérité, a dit saint Jean Chrysostome,

1. V. Jankélévitch, *op. cit.*, p. 558.

il n'y a pas de vertu plus justifiée que la modestie, d'erreur plus décevante que l'orgueil. »

À tous les degrés de la hiérarchie sociale, l'humilité implique l'obéissance, qui se fonde sur les valeurs reconnues. Obéissance non pas servile, mais consentement intime et joyeux de tout l'être : de l'enfant aux parents, de l'élève à ses maîtres, de l'employé à son patron, du citoyen à l'État, du fidèle à son Dieu. Mais aujourd'hui, on a tendance à considérer que toute soumission est mortifiante et humiliante. Plus on est puissant et riche, plus on devrait être modeste, par respect pour les pauvres et en se rappellant qu'on sera tous égaux devant la mort, jugés selon l'amour.

Ainsi, pour tous, écrit V. Jankélévitch, « la modestie nous retient sur la voie droite de l'innocence », elle nous préserve de la vanité engendrée par une société fondée sur l'opinion et la soif de paraître, elle détruit « la crispation de la jactance, fait fondre le besoin maladif d'éblouir et les égoïsmes frivoles [1] ».

Quant au pauvre, il a d'autant plus de mérite à rester humble, ce qui ne veut pas dire résigné.

Dialogue

JG — Je n'aime pas parler de l'humilité. J'ai l'impression de tromper le lecteur. Il est difficile de définir ce qui est modeste, c'est souvent le signe d'un orgueil secret : on s'honore comme contempteur de soi-même.

JJA — On m'a raconté cette histoire, qui est peut-être vraie. Apprenant qu'il existait dans un monastère

1. V. Jankélévitch, *op. cit.*, p. 612.

une religieuse particulièrement vertueuse, l'évêque du lieu s'y précipita. « Je viens voir la sainte ! », dit-il à la sœur qui lui ouvrait. « C'est moi, Monseigneur. » Mais soyons sérieux. Faites-moi le portrait d'un homme humble.

JG — Je revois mon ami Louis Chaigne[1]. C'était une ombre féconde, un silence au cœur de Paris, un écouteur passionné des autres, une intelligence toute en accueil, recevant ceux qui cherchent conseil, secours, approbation de ce qu'il y a en eux de pur, de vrai et d'éternel. Je me dis : « Comment n'est-il pas connu davantage ? » Son incognito tenait à son essence, à la qualité de son interrogation, de sa pondération, à ce silence, aussi, qu'un gentilhomme garde de lui-même. Il y avait de l'oraison dans sa raison. Il avait la vocation, bien rare chez les auteurs, de ne pas vouloir paraître, mais de vouloir *être*, ou plutôt d'apparaître à quelques-uns seulement, de verser ici et là quelques gouttes de réconfort, de tendresse discrète, de silence et de juste lumière.

JJA — Ce beau portrait pourrait aussi s'appliquer à votre vieux maître le père Pouget.

JG — Oh oui ! Il me racontait sa vocation. Parce qu'enfant il promettait beaucoup, on l'avait éloigné des troupeaux qu'il gardait dans son Cantal, pour le faire entrer au séminaire. L'idée lui vint de se faire jésuite à cause de la richesse de leur bibliothèque, mais il se dit : « On me poussera, on me mettra en avant. Allons chez les lazaristes et j'y demeurerai inconnu. » Ce raisonnement parfait d'humilité aurait pu l'ensevelir à jamais si un jour nous ne l'avions découvert.

1. Critique littéraire et écrivain parisien, 1899-1973.

JJA — Et ce fut votre célèbre *Portrait de Monsieur Pouget*, la récompense de cette humilité par laquelle il avait voulu n'être rien ! Je remarque que la véritable humilité est une noblesse de l'âme et qu'on la trouve aussi bien dans le peuple qu'au sommet des classes sociales. Je pense au vicomte Charles de Foucauld, qui se voulut « le dernier et le plus petit des frères ».

JG — Et le pape Jean XXIII ! Il me disait un jour : « Je n'ai pas voulu briller, soit par la culture, soit par le savoir, mais j'ai cherché à imiter Jésus *doux et humble de cœur*. Ma voie, c'est la simplicité, la bonté. » Par son humilité il a ouvert à une Église un peu trop « triomphante » des perspectives nouvelles.

JJA — Quel est le contraire de l'humilité ?

JG — L'orgueil. Mais il est difficile de distinguer les fibres de l'orgueil et celle de cette vertu que Spinoza appelait la *philautia*, l'amour vertueux de soi-même. Elle tempérait une certaine éducation, qui risquait jadis d'ôter à l'enfant cette confiance naturelle en ses capacités, en le rendant prématurément trop lucide.

JJA — Il existe très peu de grands hommes vraiment modestes. En avez-vous connu ?

JG — Albert Camus. Son humilité venait de l'idée qu'il se faisait de son travail. Il aimait cette phrase de Flaubert : « Les chefs-d'œuvre sont comme les grands animaux. Ils ont la mine tranquille. »

JJA — Il est rare de voir un écrivain modeste (ici, je pense au regretté Henri Queffélec et à J.M. Le Clézio, deux Bretons). Ce métier, comme celui d'artiste, n'incite guère à l'humilité. Aujourd'hui, il faut se faire connaître pour être !

JG — Quand il reçut le prix Nobel de littérature, Albert Camus garda cette modestie qui lui était essentielle. Bien qu'il fût un être frissonnant, si passionné, il se complaisait dans une espèce d'ombre de lui-même sur lui-même. C'est aussi cela, l'humilité.

JJA — Et vous, Jean Guitton ? Êtes-vous humble ? Dom Norbert Calmels, qui a fait votre portrait [1], affirmait que « votre talent travaille à l'ombre de votre modestie ».

JG — Ce n'était pas l'avis de Mgr Angelo Roncalli, futur Jean XXIII, lorsque j'allai le voir en 1950 quand il était nonce apostolique à Paris. Un de mes livres sur la Vierge était menacé de l'*Index* par le Saint-Office. Il me dit gentiment : « Vous phosphorez trop, M. Guitton. Je vous conseille d'imiter l'humilité de Jésus-Christ, comme je l'imite moi-même. » Je reçus avec humilité ces conseils sur l'humilité et amendai mon livre.

JJA — Vous savez que Pascal fustigeait ce qu'il appelait « la superbe des philosophes » ?

JG — J'avoue avoir commis le péché d'orgueil. Je n'ai guère de vanité, la vanité étant l'amour des choses vaines. Je me rattrape dans l'orgueil. La vanité est le désir de l'estime des autres. L'orgueil est la jouissance de sa propre estime. Et je vais encore plus loin. Car mon orgueil est subtil. C'est l'orgueil d'être modeste. Dom Norbert peut bien louer ma modestie, mon « effacement ». Hélas ! ma modestie est une *faute* lourde à porter. C'est le désir d'être loué deux fois.

JJA — Je ne crois pas que vous soyez modeste. Vous êtes *humble*. C'est différent.

JG — Qu'est-ce qui vous fait dire cela ?

JJA — Votre femme vous trouvait *candide*. Déjà, au

1. Dom Norbert Calmels, *op. cit.*

lycée, on vous surnommait « sainte candeur ». Le candide, c'est un naïf humble et c'est une vertu enfantine.

JG — Je suis candide, mais je sais que je le suis. C'est là que le bât blesse ! Ah ! on ne naît pas humble. Parfois, on le devient. Surtout quand l'âge imprime dans votre esprit la souffrance de la chair vieillissante.

JJA — Oui, la souffrance, comme en témoigna Marthe Robin, nous enseigne l'humilité.

JG — C'est un savoir. J'ai retrouvé cette pensée de ma mère sur la souffrance et je m'en nourris : « Un esprit convaincu de sa faiblesse et de sa nullité, une volonté rangée à l'ordre et résignée, ce n'est pas encore un cœur humble. Il faut y ajouter la souffrance et la considérer sans révolte, dans sa simplicité. Alors, quand elle a commencé à faire sur nous son ouvrage, qui est de pénétrer l'âme et d'y répandre l'onction de Dieu, le cœur se calme, s'abaisse, se ploie et finit par se fondre. L'orgueil est vaincu. L'homme ne peut pleurer sans se rapprocher intérieurement de son enfance. »

JJA — Peut-on imaginer demain un monde où chacun se sentirait à sa place, où personne ne tenterait d'écraser l'autre ? N'est-ce pas l'affaire de tous ?

JG — Oh oui ! Un journaliste demanda à mère Teresa : « Qu'est-ce qui ne va pas, ma sœur, dans le monde d'aujourd'hui ? » Elle répondit : « Ce qui ne va pas, monsieur, c'est vous et moi. »

JJA — L'humilité est le propre des saints, et aussi le passage obligé de l'expérience mystique.

JG — Créant en soi l'humilité par le vide, l'esprit vacant, détaché de son propre moi, développe alors ses puissances d'étonnement, de renouvellement et d'amour. « Parce que j'étais petite et faible, Jésus s'abaissait vers moi, il m'instruisait en secret des choses de son amour », dit Thérèse Martin.

JJA — Toutes les écoles de spiritualité, chrétiennes ou orientales, soulignent cette nécessité d'effacer l'ego.

JG — On part du constat de notre petitesse par rapport au Tout qui nous fonde. L'humilité, c'est être vrai devant Dieu pour accueillir le don de son amour. C'est la première vertu que l'on enseigne aux moines. Cette humilité est compatible, au nom de la vérité, avec une certaine estime de soi-même, créature perfectible faite à l'image de Dieu.

Justice

Mots associés : équité, droiture, exactitude. *Antonymes* : injustice, iniquité.

Citations : « Où règne la justice, c'est à la liberté d'obéir. » (J. Montgomery, *Greenland.*) « La justice sans la force et la force sans la justice, malheurs affreux. » (Joubert, *Pensées.*) « La justice coûte moins cher que la charité. » (Alain, *Minerve.*) « Bienheureux les affamés de justice, ils seront rassasiés. » (Matthieu, 5, 6.)

Définition : Du latin *justitia* ; de *jus* : qui est conforme au droit. C'est la première des quatre vertus cardinales d'Aristote, fondateur de la morale en tant que science. Elle demande le respect du droit des autres. « La justice, a dit V. Jankélévitch, est le conservatoire de la valeur, la protestation rationnelle contre la violence, l'instinct égoïste et l'avidité. Elle lutte non pour doubler la force, mais pour compenser la faiblesse. Elle est la revanche muette, surnaturelle et tôt ou tard inéluctable du vaincu qui a pour lui le bon droit. Elle protège la faiblesse désarmée contre la violence furibonde, le droit humilié contre la piraterie triomphante[1]. »

Elle impose donc une révolution au système de la force brutale qui a régné pendant des millions d'années

1. V. Jankélévitch, *op. cit.*, p. 723.

dans le monde, en vertu de la loi de l'évolution par sélection naturelle, qui élimine le faible. Au nom de sa faiblesse et au nom de l'amour, le faible devient même prioritaire et tout un système de valeurs se trouve renversé. La nouvelle notion introduite est que notre liberté de faire n'importe quoi s'arrête là où commence la liberté des autres. Et ce n'est pas facile, car le fort, s'il n'est pas bon, est toujours tenté de brimer le faible.

C'est aussi pour essayer de mettre fin à la guerre que les sages ont un jour inventé la justice. « Le juste, dit A. Comte-Sponville, met sa force au service du droit, malgré les inégalités. Il faut d'abord résister à l'injustice que chacun porte en soi, qui est soi[1]. »

La justice devrait être naturelle, mais elle ne l'est pas : chacun ne voit que son propre intérêt. C'est pourquoi on a inventé « le droit », système juridique qui fixe les règles de la vie en société. Il tend, malgré des résistances, à être à peu près similaire partout dans le monde. Une forte minorité le conteste et tente encore de le tourner. Ce sont les voleurs, les tueurs, les violeurs, les fraudeurs et autres délinquants, et les États totalitaires. Ils contestent la justice, que Kant définit ainsi : « Est juste toute action qui permet à la libre volonté de tout un chacun de coexister avec la liberté de tout autre suivant une loi universelle[2]. »

La justice veut donc rétablir une certaine égalité entre le fort et le faible, le savant et l'ignorant. Il y faut de la sainteté, l'égoïsme l'emportant encore le plus souvent et en chacun de nous. C'est pourquoi les lois sont nécessaires. « Il faut mettre ensemble la justice et la force », a dit Pascal. C'est le rôle de la politique, qui fait les lois.

Mais les situations et les gens étant différents, les lois

1. A. Comte-Sponville, *op. cit.*, p. 113.
2. Kant, *Doctrine du droit.*

manquent de souplesse face à une variété infinie de situations et de caractères. Aussi, à côté de la justice il y a *l'équité*, une sorte de justice qui colle au terrain et corrige les rigueurs des lois abstraites. « L'équité, a dit Aristote, c'est de pardonner au genre humain », ce qui souligne la primauté de la charité sur la froide justice : « La justice est le régulateur systématique de l'inégalité, dit V. Jankélévitch. Elle réduit la haine à l'impuissance sans en tarir la source. Elle est la continuation de l'ordre qu'elle reconduit d'abus en abus à travers ses éclipses et ses intermittences. Mais *l'amour*, continuité et volonté de la justice, est la seule garantie permanente de la paix[1]. » « La justice proportionne son estime au mérite de la personne ou au prix de la chose. La charité aime sans mesure[2]. »

Dialogue

JJA — Saint Augustin a dit : « La justice est la vertu qui rend à chacun son dû. » Comment la définir par rapport aux trois autres vertus cardinales ?

JG — Elle seule est « vertueuse ». Un voleur peut être *prudent, tempérant, courageux*, il n'est pas *juste*. C'est ce que Kant définit : rien ne peut être tenu pour bon si ce n'est une volonté bonne. Voilà pour la justice. Aristote ne s'y était pas trompé, qui parle de « vertu complète ».

JJA — Et pourtant, elle a parfois quelque chose de glacial. « L'impitoyable justice garde la tête froide et ne faiblit pas devant les tentations de l'indulgence[3] »,

1. V. Jankélévitch, *op. cit.*, p. 804.
2. *Ibidem*, p. 806.
3. *Ibidem*, p. 678.

a dit V. Jankélévitch. On la sent indispensable pour l'harmonie des rapports humains, et pourtant elle laisse parfois une impression de malaise. Pourquoi ?

JG — Elle se réfère à un idéal haut placé et de ce fait difficile. « La loi est dure, mais c'est la loi », disaient les Latins. La difficulté consiste à introduire la miséricorde dans la justice, sans tomber dans le laxisme et la faiblesse.

JJA — C'est tout le problème actuel de la rémunération des chômeurs. Et aussi de la misère. Récemment, un tribunal eut à juger une femme qui avait volé des denrées choisies pour gâter ses enfants, presque exclusivement nourris de pâtes. Elle fut acquittée. Le ministère public fit appel et la cour la condamna à une peine légère avec sursis.

JG — Bonne manière de juger. La cour a appliqué la loi, c'est-à-dire la justice. Mais, en remettant la peine, elle a pratiqué la miséricorde.

JJA — François Mauriac a dit : « Horrible est la justice séparée de la charité. » Et saint Paul a souligné que la charité prime tout. Mais Victor Hugo a objecté : « C'est facile d'être bon et malaisé d'être juste. » Alors, la charité, la bonté, prime-t-elle sur la justice ?

JG — Chamfort a une jolie réponse : « Il faut être juste avant d'être généreux, comme on a des chemises avant d'avoir des dentelles. »

JJA — Peut-on être injuste au nom d'une bonne cause ? Placer une bombe sous la chaise d'un chef d'État régulièrement élu, ce n'est pas la justice. Pourtant, un certain colonel Stauffenberg l'a fait avec Hitler et on regrette qu'il n'ait pas réussi. Un voleur peut-il légitimement dévaliser une banque au motif de distribuer l'argent aux pauvres ?

JG — Ces cas particuliers extrêmes montrent la difficulté de définir la justice. On a le même problème avec l'obéissance. Quand le système est mauvais, où est la justice ? On peut alors en sortir, mais avec *prudence*.

JJA — Ce qu'Aristote définit en ajoutant qu'il ne peut y avoir justice que dans l'égalité des droits. « Le juste est ce qui est conforme à la loi et ce qui respecte l'égalité. »

JG — C'est pourquoi il n'y a pas de justice humaine sans justice sociale. C'est-à-dire de *charité*, d'amour. Mais il ne faut pas confondre justice et charité, car, tout en étant recommandée, la charité n'est pas, comme la justice, exigible par la force. Elle en est le complément, elle l'humanise. La pratique de la seule justice n'entraîne aucun mérite. Mais la justice est la condition nécessaire de la charité.

JJA — Comment être juste dans un monde où chacun, à sa naissance, a reçu plus ou moins de qualités ou de handicaps ?

JG — C'est là où la justice tente de rétablir l'équilibre. C'est difficile, car il faut aussi respecter l'ordre public. Ainsi, la loi protège l'inégalité des richesses, elle encourage le travail et l'intelligence, mais elle sait très bien redistribuer les gains par l'impôt. La justice n'est une vertu que si elle est une valeur. Il ne s'agit pas seulement d'appliquer la loi.

JJA — Et c'est pourquoi le métier de magistrat est si difficile, et celui d'avocat si périlleux ! Comment s'y retrouver ? En tombant dans le paradoxe de Pascal ? « Il n'y a que deux sortes d'hommes : les uns justes qui se croient pécheurs, les autres pécheurs qui se croient justes. »

JG — Ceci pose bien le problème. Il n'y a pas de justice humaine. Elle ne peut être que théologique, divine, en référence à un idéal absolu, un Juge suprême.

JJA — Avant même le christianisme, le poète latin Lucrèce eut ce mot admirable : « Il est *juste* que tous aient pitié des faibles. » Comme s'il y avait au cœur de l'homme une « morale naturelle », une véritable vertu qui transcende les époques barbares.

JG — Oui. Il y a le pardon et l'amour, car nous sommes créés à l'image de Dieu. Il n'est que d'en prendre conscience. Pour un croyant, la justice est une rectitude de l'esprit que vivifie la grâce divine. Et le Christ a demandé de ne pas faire à autrui ce que l'on ne voudrait pas que l'on nous fît.

JJA — Ce que précise l'encyclique *Gaudium et spes* : « La justice dispose à respecter les droits de chacun et à établir dans les relations humaines l'harmonie et l'équité. Elle respecte la dignité humaine. Elle se fonde sur une société fraternelle et libre. » En outre, la justice s'applique à tous : « Toute forme de discrimination touchant les droits fondamentaux de la personne, qu'elle soit fondée sur le sexe, la race, la couleur de la peau, la condition sociale, la langue ou la religion, doit être dépassée comme contraire au dessein de Dieu. »

JG — Le dessein de Dieu, annoncé par le Christ, c'est l'amour. En matière de justice, il faut savoir que les pauvres, pendant des siècles écrasés par les puissants, ne peuvent plus se contenter des promesses d'une justice compensatrice dans l'au-delà. On veut la justice ici-bas et maintenant, et la paix du monde est à ce prix. Quant au « jugement dernier », c'est une question de conscience personnelle. Oui, on sera jugé selon ses mérites, et cela ne concerne pas seulement une élite soucieuse de valeurs morales, mais tout un chacun.

Miséricorde

Mots associés : pardon, pitié, compassion, bienveillance, charité, indulgence, magnanimité, équité, clémence. *Antonymes* : dureté, sévérité, rancune.

Citations : « Heureux les miséricordieux, car ils obtiendront miséricorde. » (Matthieu 5, 7.) « On pardonne tant que l'on aime. » (La Rochefoucauld, *Maximes*.) « La pitié sans orgueil n'appartient qu'à la femme. » (I. Tourgueniev, *Étranges histoires*.) « Tout comprendre, c'est tout pardonner. » (G. de Staël, *Corinne*.)

Définition : Du latin *misericordia* : compassion ; composé de *miserere* (avoir pitié) et de *cor* (le cœur). Vertu qui pousse à pardonner ce qu'on aurait le droit de punir. Ce n'est pas l'oubli de l'offense ou de la faute, mais la cessation de la colère et de la haine, même légitimes. En ce sens, la miséricorde va plus loin que la *justice* puisqu'elle renonce à la punition, et même plus loin que la *clémence*, puisqu'elle suppose la réconciliation. Plus loin que *l'indulgence*, qui est superficielle, plus loin que la *compassion*, la *pitié*, la *commisération*, qui se laissent fléchir par la souffrance du coupable, ou qui ont besoin, pour aimer, du spectacle du malheur. Seul *l'amour* est supérieur à la miséricorde, et d'ailleurs il la contient.

« La miséricorde est la vertu du pardon, et son secret, et sa vérité, dit A. Comte-Sponville. Elle n'abolit pas la faute mais la rancune ; non le souvenir mais la colère ; non le combat mais la haine. Elle n'est pas encore l'amour mais ce qui en tient lieu quand il est impossible, ou ce qui le prépare quand il serait prématuré [1]. »

La clé de la miséricorde, c'est la compréhension des motivations d'autrui, la recherche des circonstances atténuantes. « Ne pas détester mais comprendre », souligne Spinoza. C'est pourquoi la miséricorde de Dieu est infinie, puisque sa connaissance est infinie.

Toutefois, la miséricorde a une limite face au mal absolu. Mais c'est parce qu'il est incompréhensible. A. Comte-Sponville pose ainsi les limites de la miséricorde à propos des crimes nazis : « Je ne suis guère disposé à tendre l'autre joue et préfère, contre la violence, le glaive à la faiblesse. L'amour est une joie, non une impuissance ou un abandon. » En ce cas, « aimer ses ennemis c'est, non cesser de les combattre, mais cesser de les haïr [2]. »

La miséricorde est très proche de la *pitié*. « Tout l'essentiel de l'amour, écrit V. Jankélévitch, figure dans ce premier mouvement spontané et gratuit qui n'est jamais chose due, qui n'est la contrepartie de rien. Percée illégale au travers de l'impitoyable légalité [3]. »

La miséricorde ne s'applique pas uniquement à un coupable, mais aussi aux pauvres, aux exclus, aux malheureux de toutes sortes et à un adversaire vaincu.

« La miséricorde, dit Stan Rougier, c'est notre cœur qui s'ouvre à la misère. Quand tu souffres, j'ai mal.

1. A. Comte-Sponville, *op. cit.*, p. 174.
2. *Ibidem*, p. 173.
3. V. Jankélévitch, *op. cit.*, p. 834.

Mon cœur se dresse devant la misère pour essayer de te protéger, te défendre, lutter contre ce qui t'écrase [1]. »

Dialogue

JJA — Commençons par le pardon. Il y a deux sortes de pardon : celui que l'on demande à Dieu pour soi, et celui que l'on donne aux autres, ce que souligne la prière du *Pater* : « Pardonne-nous nos offenses comme nous les pardonnons *aussi* à ceux qui nous ont offensés. » Pourquoi est-ce lié ?

JG — Nous demandons d'abord à Dieu, qui est sainteté, d'oublier nos fautes. Celles-ci une fois regrettées, ce qu'on appelle la contrition parfaite, nous voici attachés à son amour comme à une source seconde de notre être. Nous retrouvons fraîcheur et jeunesse, nous connaissons une nouvelle naissance. Tel est le sens du pardon divin, qui oublie et recrée. Mais la prière de Jésus rappelle que nous serons pardonnés dans la mesure où nous aurons pardonné nous-mêmes à nos débiteurs.

JJA — Et c'est le plus difficile ! On pense à Jésus invitant aussi celui qui n'a jamais péché à jeter la première pierre à la femme adultère. Il ne s'en trouva pas.

JG — Oui. Lorsque je songe à ma faiblesse dans les grandes et surtout dans les petites offenses, lorsque j'envisage combien on serait heureux dans une société où chacun pardonnerait, je mesure la vérité de cette invitation du *Pater* : « Pardonne aussi. » L'homme

1. Stan Rougier, *op. cit.*

demande à Dieu de faire sans cesse en sa faveur ce que lui-même fait si mal vis-à-vis des autres.

JJA — Mais pourquoi « si mal » ?

JG — Il faut avoir connu la misère physique ou morale pour savoir pardonner. Ou, l'ayant connue, s'en rappeler. Aide-moi, Seigneur, à pardonner de tout *ton* cœur ! Évidemment, c'est difficile de *changer son cœur !*

JJA — Comme dit le père Baudiquey, reprenant l'étymologie de *miséricorde*, « il faut misère pour avoir cœur ». « Il faut en toute humilité, se connaissant bien, se savoir, se reconnaître faillible pour savoir pardonner. Et il faut avoir connu la souffrance physique pour compâtir à celle des autres, y être attentif de toutes les manières qui viennent du cœur, dans un profond élan de commisération[1]. » Une question toutefois me préoccupe. Il m'est assez facile de pardonner si l'offenseur exprime des regrets et répare si possible le préjudice qu'il m'a causé. Mais dans le cas contraire ? S'il n'y a pas regret du coupable ? Pire : s'il persiste dans son intention de me nuire ?

JG — Pardonner serait alors la perfection de l'amour ; la véritable miséricorde. Celle de Jésus sur la croix. Le coupable n'a à s'humilier que devant Dieu, car lui seul est parfait.

JJA — Aimer ses ennemis... Au-dessus de nous, sur ce mur, cette aquarelle de vous, représentant Judas, et cette troublante légende : « Judas aperçoit sur l'argent de son crime l'image de Jésus miséricordieux. » Pourquoi Judas ne s'est-il pas repenti ?

JG — Qu'en savez-vous ?

1. Cité par Stan Rougier, *op. cit.*

JJA — Je connais une ancienne abbesse cistercienne, mère Geneviève, de Bonneval, qui résume ainsi, avec humour, cette perfection de la miséricorde : « Être poire, le savoir et être content de l'être. » Ceci dit, pardonner une broutille que l'on serait soi-même capable de faire, c'est facile. Mais pardonner un crime ? Si on tue mon enfant, pourquoi pardonnerais-je ?

JG — Vous pardonnerez parce que vous êtes plus libre et plus aimant que votre « ennemi ». Il faut choisir son camp. Être de ceux qui aiment, ou de ceux qui haïssent, même selon les critères de la justice ordinaire.

JJA — J'ai été frappé, dans les procès d'assise, où l'on juge des crimes affreux : parfois, la mère puis le père d'un enfant assassiné se dressent, comme soulevés hors d'eux-mêmes, et déclarent entre deux sanglots : « Je pardonne à l'assassin de mon enfant. » Alors, les cris de haine de la foule s'interrompent. La haine ordinaire, la colère et la révolte s'apaisent ; passe un souffle mystérieux, comme une lumière.

JG — Le souffle de l'Amour ! On se sent meilleur, comme si, au fond de la bête, un ange souriait.

JJA — Cependant, tout pardonner, est-ce possible ? Doit-on pardonner aux bourreaux nazis ?

JG — Le philosophe juif Vladimir Jankélévitch, que vous citez souvent, et auquel j'ai eu l'honneur de succéder à Lyon en 1935, dans sa chaire de philosophie de « khâgne », a répondu, dans un livre justement intitulé *Le pardon* : « Il n'y a pas de faute si grave qu'on ne puisse, en dernier recours, pardonner. S'il y a des crimes tellement monstrueux que le criminel ne puisse même pas expier, il reste toujours le pardon, étant fait précisément pour ces cas désespérés ou incurables. »

JJA — Ce qui, toutefois, ne veut pas dire que l'on doive oublier. Le devoir de mémoire est nécessaire. Il faut aussi, dans ces cas extrêmes, que le criminel demande miséricorde. Sinon, à quoi servirait l'enfer ?

JG — L'enfer, c'est justement le lieu de ceux qui refusent la miséricorde, c'est-à-dire l'amour gratuit.

JJA — Comment peut-on refuser l'amour gratuit, la miséricorde divine ?

JG — Cela suppose la foi et un abandon, une simplicité, qui procèdent de l'enfance.

JJA — Quoi qu'il en soit, il est plus facile d'accepter le pardon que de le donner ! Et surtout de faire acte de coresponsabilité collective. Il me vient soudain, à propos des crimes nazis et de bien d'autres génocides, cette pensée terrible : au-delà des bons et des méchants, vision utile, commode, mais simpliste, il y a *l'homme*. Si le traité de Versailles, en 1919, avait été *miséricordieux* au lieu d'exiger une implacable, une impossible justice, Hitler ne serait pas arrivé au pouvoir dans une Allemagne exsangue. Faute qui ne fut pas reproduite par les Alliés en 1945, d'où réconciliation.

JG — La compassion est participation. Comme l'amour, elle se moque un peu de la justice ! De la justice humaine, s'entend !

JJA — Comment voyez-vous l'avenir ?

JG — Considérant les crimes affreux, les génocides qui se perpétuent dans le monde : Algérie, Afrique noire, Bosnie, Union soviétique, Chine, Vietnam, Amérique latine, je suis tenté d'être pessimiste. Puis je me rappelle ce mot étonnant de saint Paul : « Là où le péché abonde, la grâce surabonde. »

Bonne mort

Mots associés : trépas, passage, s'éteindre, périr, décéder. *Antonymes* : naître, renaître, ressusciter.

Citations : « Belle fin fait qui meurt en bien aimant. » (Ronsard, *Cassandre.*) « O Mort mystérieuse, ô sœur de charité ! » (Rimbaud, *Les sœurs de charité.*) « Mort, où est ta victoire ? » (Paul 1, Cor. 15, 55). « Quiconque vit et croit en moi ne mourra jamais. » (Jean 11, 26). « Meurs et deviens ! » (Goethe, *Nostalgie bienheureuse.*)

Définition : Du latin *mortem*, accusatif de *mors*. Cessation de la vie. Se dit d'un corps privé de vie. Qui a cessé d'exister. Pour un croyant : passage vers une autre vie, indescriptible.

La mort n'est ni une vertu, ni une sagesse. Mais il s'agit ici de la manière de préparer et d'accueillir la mort. C'est vrai, il y a de « bonnes morts », accueillies, préparées dans la sagesse et l'espérance, et de « mauvaises morts », imposées dans la révolte et dans la peur. Oui, la manière de se préparer à la mort, c'est vraiment une vertu ou son contraire.

Envisageons les comportements face à la mort. Le refus : « Bien que je n'aie pas peur de la mort, j'aime mieux être ailleurs quand ça se produira », a dit Woody Allen. L'abandon, la passivité : « Je veux que la mort me trouve plantant mes choux : mais nonchalant d'elle, et encore plus de mon jardin imparfait », dit Montaigne (*Essais.*) « Davantage de lumière ! » s'écrie Goethe sur son lit de mort. La sagesse : « Philosopher, c'est apprendre à mourir », reconnaît Montaigne. Et Platon, plus subtil : « Qu'est-ce que craindre la mort sinon s'attribuer un savoir qu'on n'a pas ? » (*Apologie de Socrate.*)

Il y a aussi l'espérance : « Lorsque tu arriveras au moment de la mort tu te sentiras sourire. Ne t'en étonne pas, c'est toujours ainsi », dit un texte zen cité par Malraux peu avant sa mort. Car, ajoute Vintilia Horia, « s'il dort, il se réveillera. S'il est mort, il est déjà réveillé ».

Enfin, certaines morts sont liées au sacrifice volontaire. « Mourir pour la patrie, c'est le sort le plus beau, le plus digne d'envie », chantait l'héroïque soldat... jadis !

Et V. Jankélévitch conclut : « D'un côté le courage de permettre ce qui se ferait sans notre permission, de l'autre celui d'anticiper sur la mort par une active collaboration avec le destin. Et puisque le courage est l'assomption du risque, la mort sera la grande affaire du courage. »

La mort, c'est la destruction du corps physique et du mental ordinaire, centralisé par le moi, l'ego. Plus l'ego est ancré sur lui-même, parfois hypertrophié, plus la mort sera difficile. Le saint, le sage, qui ont renoncé à la dictature de l'ego, ne connaîtront pas cette angoisse du « passage », surtout s'il s'y ajoute la foi en la résurrection des corps promise par le Christ, et la foi en la survie de *l'esprit*, indestructible. Mystère !

Pour le croyant, si humble soit-il, la foi et l'espérance sont les soutiens d'une « bonne mort » pleinement assumée.

« Mourir n'est pas finir, c'est le matin suprême », a dit Hugo.

Dialogue

JJA — Pourquoi la mort ?

JG — Avant l'invention de la reproduction sexuée, il n'y avait pas de mort naturelle, hors accident. Mais les organismes mono-cellulaires qui représentaient la Vie n'évoluaient pas. Le progrès est venu avec la conscience, dont le support est le cerveau, un super-organisme infiniment complexe, fruit de l'évolution. La reproduction sexuée permettant le mélange des chromosomes a ouvert la voie à des variétés génétiques illimitées, permettant l'évolution vers des formes de vie supérieures, inimaginables. Mais le prix à payer a été le vieillissement et la mort physiques, puisqu'il faut remplacer sans cesse les supports génétiques que sont les corps.

JJA — Et les anges ?

JG — Que savons-nous des anges ?

JJA — Que savez-vous de la mort, Jean Guitton ?

JG — Il y a ce que je sais et ce que je crois. Cet acte de mourir nous est si peu connu ! Car si tous l'expérimentent, personne n'a pu communiquer son expérience. Là est le paradoxe de la mort : si commune, si proche, si observée du dehors, mais au fond inconnaissable, intraduisible, secrète.

JJA — Beaucoup sont angoissés à l'idée de la mort.

JG — Et si c'était seulement le souvenir de la peur de naître ? De nombreux témoins m'ont dit que la mort est un moment non d'angoisse mais de calme et de paix. Le monde s'atténue, s'efface. Impression qu'un autre monde va naître. Consentement à ce qui n'est pas encore. J'ai compris qu'il y a quelque chose de plus haut que de vaincre ou de vivre : c'est de se donner. Claudel parle de « cette joie qui est dans la dernière heure » ! « Et je suis cette joie même et le secret qui ne peut plus être dit. » Ma collègue Marguerite Yourcenar me disait que la mort lui apparaissait comme un sacre dont seuls les plus purs sont dignes : « Beaucoup se défont, peu d'hommes meurent. »

JJA — À propos de joie, je pense aux funérailles des trappistes, auxquelles j'ai assisté récemment à Laval. On dirait une naissance, un baptême. Tout y respire la joie. C'est une fête, la fête du retour à Dieu notre père. Je me souviens aussi de la première messe anniversaire de la mort de notre ami l'éditeur Sven Nielsen, dans la petite église de l'île Sainte-Marguerite, au large de Cannes. Tout y respirait la joie. Des pêcheurs qui passaient par hasard croyaient assister à un baptême. Ils cherchaient le petit enfant.

JG — La disparition du corps met mieux en relief cette coïncidence soudaine de nous-même avec ce que nous sommes essentiellement : l'esprit. Et c'est bien là le fond du mystère de la mort. Et vous avez raison de parler d'enfant, de naissance.

JJA — Qui a parlé de volupté ?

JG — La Fontaine : « Mort et volupté ont regardé ici leur visage : ces deux visages étaient un seul visage. » Peut-être y a-t-il là une indication sur l'instant ultime, irréversible. Thérèse d'Avila, qui avait quelque expérience des états de séparation du corps et de l'âme, disait que la mort devait ressembler à un *ravissement*.

JJA — Les témoins de la mort de Thérèse de Lisieux ont parlé aussi d'une sorte d'extase, l'espace d'un *Credo*. S'agit-il d'une ivresse biochimique, ou de la joie provoquée par la vision réaliste de ce qu'on espère :

la vie éternelle en Dieu. « Seigneur, montre-moi ton visage ! »

JG — Bergson m'a dit : « Plus je vieillis, plus je crois à l'immortalité. Parce que plus je vieillis plus je me sens prêt à vivre. »

JJA — C'est pourquoi, ajoute Thérèse d'Avila, qui était passionnée et... pressée : « je meurs de ne pas mourir ». Mais ne voilà-t-il pas que nous sommes passés de « ce que je crois » à « ce que j'espère » ?

JG — En effet.

JJA — Alors parlons de l'espérance.

JG — J'espère tout. Que dire de plus ? Un autre type d'existence commence. Ce domaine relève de la foi : la mort n'existerait pas. Tantôt nous sommes vivants comme sur cette terre, tantôt nous sommes dans un autre type de vie que nous ne connaissons pas. Ce qu'on appelle la mort, c'est l'expression la plus parfaite de la pureté : l'essence de l'être, à laquelle on est réduit... ou dilaté.

JJA — Mais que se passe-t-il après que le tombeau se soit refermé sur le corps ?

JG — L'âme subsiste. L'esprit. L'être singulier, le moi profond n'ont pas été abolis, ils vivent mystérieusement. Et même ils vivent plus que nous ne vivons.

JJA — Vous le croyez, n'est-ce pas ?

JG — *Je le sais*. Sinon, ce ne serait plus le mystère, mais l'absurde. Je n'ai jamais hésité entre l'absurde de la négation et le mystère du oui consenti à l'amour. La mort est une nouvelle naissance que toutes nos capacités, nos désirs, laissent deviner. De même, un fœtus dans le ventre de sa mère, s'il disposait de la faculté de penser, se persuaderait qu'il est fait pour *naître*, c'est-à-dire être projeté dans un milieu différent du sien, analogue à l'espace. À propos de la mort, saint Paul disait : « Nous ne désirons pas être dévêtus, mais supervêtu, afin que ce qui est mortel en nous soit absorbé par la vie. »

JJA — La seule question : l'esprit n'est-il que le fruit passager d'un conglomérat aléatoire de cellules, ou est-il le préalable à la matière, qu'il conditionne ? En ce cas, la vie subirait à la mort une mutation.

JG — Elle se transforme d'une manière incompréhensible. « Mourir, c'est changer de corps comme l'acteur change d'habit », a dit Plotin. Comment concevoir ce que peut être une vie sans le soutien de la chair ? Cependant, les études de Bergson sur les rapports du cerveau et de la mémoire l'avaient convaincu que l'abolition du corps n'entraînait pas l'anéantissement de l'esprit ; que la survivance était probable. Ce qui à ses yeux la rendait certaine, c'étaient les considérations morales. De fait, l'existence est si courte pour s'accomplir, pour achever sa phase, pour atteindre le fond infini du désir ! Toute existence est une symphonie inachevée ; que dis-je ? à peine commencée. Sinon, tout est absurde.

JJA — Mais d'où vient cette hantise de la mort qui frappe beaucoup de nos contemporains, même croyants, au point de la minimiser, de la cacher ? Craint-on seulement ce qu'on ne connaît pas, ou redoute-t-on le jugement, le châtiment ? Ou plus simplement le néant ?

JG — Il y a de tout cela, et surtout le néant. Des philosophes à la mode, Heidegger en Allemagne, Sartre en France, n'ont fait que reprendre avec une force étonnante et sombre le thème éternel des Grecs, des juifs et des chrétiens : nous naissons pour mourir ;

nous sommes des condamnés à mort ! La mort rend absurde le plaisir et même la liberté. Mais du sein de cette absurdité surgit l'idée que la mort n'est pas possible, qu'elle n'est même pas pensable.

JJA — Le fait est que pour la majorité des gens, la mort fait peur. Comment en avoir une idée plus positive ?

JG — En approfondissant et en sublimant la notion de vie, dont la mémoire profonde, à mon âge, me donne une grande expérience. Considéré dans son essence et dans son mystère, l'homme est composé de chair et d'esprit invinciblement unis et soudés. La vie est un élan, où ce qui se trouve à un étage inférieur, la chair, est porté par l'étage supérieur, l'esprit, à être davantage, dans le but de réaliser ce qui a été promis par les Écritures : la vie éternelle.

JJA — Dans cette perspective, la mort est dédramatisée. Elle cesse d'être l'anéantissement pour devenir *passage* vers cette vie éternelle où nous serons tous en Tout, en Dieu.

JG — C'est dire que nous devons aller bien au-delà de l'acceptation de la mort. Nous devons *choisir* « la mort-passage », au lieu de *subir* « la mort-anéantissement ».

JJA — Alors, vous pensez à la mort ? Vous vous y préparez ?

JG — Je pense à l'au-delà.

JJA — Avez-vous peur de la mort ?

JG — J'ai peur du Jugement.

JJA — Avez-vous agi pour « mériter le ciel » ?

JG — Non. Le véritable amour ne cherche pas la récompense. La béatitude finale n'est pas la récompense de la vertu, c'est la Vertu elle-même. Je tente de pratiquer la vertu du pur amour, qui aime simplement sans chercher de récompense.

JJA — Alors, pourquoi avez-vous peur ?

JG — Je vous l'ai dit : à cause du Jugement. J'ai commis beaucoup de péchés d'orgueil. Et aussi d'omission. Par paresse, par crainte ou par lâcheté.

JJA — Qui n'en a pas fait ? Même les papes... Et vos amis, le bon pape Jean, et Paul VI, seront là pour plaider votre cause. Alors, pourquoi diable avez-vous peur du Jugement ? Vous ne croyez pas à la miséricorde divine ?

JG — Quand j'étais enfant, on m'a surtout enseigné *la crainte* du Seigneur. *La crainte* de ne pas l'aimer. *La crainte* de lui faire de la peine. J'ai ainsi vécu dans la peur. Et c'est cette peur qui m'empêche d'aimer Dieu sans réserve. Et c'est pourquoi j'ai peur malgré moi du Jugement. Mais vous avez raison. Il faut croire en la miséricorde divine.

JJA — Croire à l'Amour ! Vous connaissez la réplique de Frédéric Ozanam au prêtre qui l'exhortait au courage sur son lit de mort : « Et pourquoi craindrais-je Dieu ? Je l'aime tant ! » Comment souhaitez-vous mourir ?

JG — En pleine conscience et le jour de Pâques, car c'est celui de la Résurrection. Je veux vivre et mourir éveillé, je ne veux pas être surpris. Je suis sûr d'être *interrompu* et redoute seulement une interruption qui ne serait pas attendue. Quand je passerai de la vie à la Vie, je me vois emporté et ravi. Je goûterai enfin ce que j'ai cherché pendant ma longue vie, et qui reste un mystère. Avant tout, j'aimerais mourir à la fois en pleine action et en plein repos, c'est-à-dire *en abandon.* Que ce soit une dislocation irisée, sans douleur.

JJA — Sans douleur, est-ce possible ?

JG — Je vous citerai le cas de mon père, déclarant au médecin qui le soignait : « Si je vous comprends bien, docteur, je vais mourir guéri ? » Ce qui rejoint cet espoir du Pr Mondor : « Il faut mourir en bonne santé. » Je voudrais mourir comme mon père est mort. Lui si agité, si peu conformiste et toujours sévère, il était soudain devenu douceur, esprit, nature, piété, paix, sourire.

JJA — Qu'avez-vous ressenti quand il s'éteignit ?

JG — Ce vers de Mallarmé me revint à la mémoire, celui où le poète exprime cette simplicité, cette purification, cet ennoblissement que procure la mort, laquelle fait connaître le secret le plus dissimulé d'un être, ce qu'il a voulu être, ce qui le continue : « *tel qu'en lui-même enfin l'Éternité le change...* »

JJA — Avez-vous été le témoin d'autres morts exemplaires ?

JG — Ma femme Marie-Louise. Le jour de sa mort, elle se prépara dans la lumière à franchir le seuil obscur. Ce fut une récapitulation de toute sa vie. Le matin, elle me dit : « Soixante-douze ans, vingt-cinq ans de mariage et *un seul jour* ! » Sa chambre, dans ce haut lieu de Nice dominant la vieille ville, était pleine de lumière. Elle a reçu les sacrements dans des sentiments de reconnaissance et de paix. Elle m'a dit : « Au fond, je vous ai fait souffrir parce que, toute ma vie, j'ai eu la passion de l'absolu. » Puis elle m'a demandé de lui répéter ces mots qu'elle tenait de la marquise de Vogüé : « *It's wonderful to die !* » C'est merveilleux de mourir !

JJA — Je me souviens de ses obsèques dans l'église Sainte Jeanne d'Arc. Un rayonnement de joie soulevait l'assistance, comme si la présence invisible de Marie-Louise nous avait dit : « Maintenant, je sais ! J'ai trouvé ! »

JG — Enfant, j'étais fasciné par ce mot grec *eurêka*, ce cri poussé par Archimède lorsqu'il découvrit l'hydrostatique : « J'ai trouvé ! » Aujourd'hui, je pense qu'*eurêka* est le mot de la bonne mort. J'ai trouvé Dieu, enfin ! Je le ferai graver sur ma tombe, à côté de celle de ma mère, où on lit : VITA MUTATUR NON TOLLITUR : « La vie est changée mais elle n'est pas ôtée. »

JJA — Oui, elle est changée. C'est le passage de l'*avoir* à l'*être*. Je pense au cri de Louis Massignon apprenant la mort de Charles de Foucauld au désert : « Il a trouvé le passage, il est arrivé ! »

JG — Se préparer à être un embryon, un être pas encore né, un fossile du futur. Me voici arrivé à la fin de mon parcours terrestre...

JJA — Pas encore ! Vous êtes comme ces symphonies de Beethoven, si belles, dont la fin se prolonge comme une éternité.

JG — Qui va mourir a le droit de tout dire ! Je suis pareil à un embryon dans l'utérus de sa mère, qui se poserait d'insolubles problèmes : « À quoi servent ces mains qui n'ont rien à palper ? Ces poumons qui n'ont rien à respirer ? Ces yeux qui n'ont rien à voir ? » Et il me semble entendre Jean, l'auteur de *l'Apocalypse*, me répondre : « Ce que nous serons n'a pas encore paru. » Mais patience ! Bientôt cent ans ! J'ai atteint l'âge où l'on prend connaissance de soi-même, d'une manière inédite, parce qu'elle est la dernière, avant le Jugement. Alors, la vie ressemble à une grande aventure, interrompue trop tôt.

JJA — Trop tôt ? Presque cent ans, cent livres !

JG — Une symphonie inachevée, après quelques mesures. Et la conscience, cette voix de Dieu en moi, se pose la question suprême : ai-je été fidèle à cet appel divin que l'on nomme la vocation, ou tout simplement le devoir d'état ? Maintenant, comme a dit le vieux Hugo, j'incline désormais mon âme vers la tombe, « comme un bœuf ayant soif penche son front vers l'eau ». Mourir, c'est connaître enfin la vie divine. Ah ! c'est merveilleux de mourir !

Obéissance

Mots associés : soumission, discipline, docilité. *Antonymes* : désobéissance, révolte, insoumission.

Citations : « Il est toujours facile d'obéir si l'on rêve de commander. » (J.P. Sartre, *Situations*.) « S'il faut obéir par force, on n'a pas besoin d'obéir par devoir. » (J.-J. Rousseau, *Contrat social*.) « Celui qui obéit est presque toujours meilleur que celui qui commande. » (E. Renan, *Dialogues*.)

Définition : Du latin *oboedire* : entendre. Se soumettre aux ordres d'un supérieur, ou à une loi, à un principe, une impulsion, ou à sa conscience.

Le devoir d'obéissance s'impose à tous. Sinon, aucune vie sociale ne serait possible. L'autorité légitime issue du suffrage universel renvoie à une morale naturelle exprimée depuis l'Antiquité par les sages de toutes confessions.

L'apprentissage de l'obéissance commence dans la famille et se poursuit à l'école. Bien que cette notion soit aujourd'hui brocardée par une certaine jeunesse souvent abandonnée par la démission des parents, ou désaxée par l'athéisme ou par la rupture des références culturelles (immigration), on ne voit pas ce qui pourrait la remplacer. C'est pourquoi cette vertu demeure ancrée dans la mémoire collective et se réfère aux plus anciennes traditions religieuses, de l'Ancien Testament au nouveau *Catéchisme*. « Garde, mon fils, le précepte de ton père, ne rejette pas l'enseignement de ta mère », dit l'antique *Livre des Proverbes* (6. 20.) « Enfants, obéissez en tout à vos parents, car cela est agréable à Dieu », dit saint Paul dans son Épitre aux Colossiens (3, 20).

Le nouveau *Catéchisme* précise : « Le respect filial exigé par la loi naturelle et divine se révèle par la docilité et l'obéissance véritables[1]. » Mais, nuance : « Les enfants ont à obéir aux prescriptions *raisonnables* de leurs éducateurs et de tous ceux auxquels les parents les ont confiés[2]. » Dans les sociétés anciennes, l'obéissance ne souffrait pas d'exception. Il en va différemment aujourd'hui, même pour les enfants : « Si l'enfant est persuadé en conscience qu'il est moralement mauvais d'obéir à tel ordre, qu'il ne le suive pas[3] », dit le nouveau *Catéchisme*.

Il en est de même pour tout adulte. Cela dit, « le devoir des citoyens est de contribuer au bien de la société dans un esprit de vérité, de justice, de solidarité et de liberté. La soumission aux autorités légitimes et le service du bien commun exigent des citoyens qu'ils accomplissent leur rôle dans la vie de la communauté[4]. »

L'obéissance suppose la compétence et l'incorruptibilité des personnes investies de l'autorité, qui assurent la sauvegarde des institutions et se consacrent sans mesure au bien commun légitime de la communauté. Dans ces conditions, et elles seules, l'obéissance est supportable. Il est évident que la corruption des édiles

1. *Catéchisme..., op. cit.*, art. 2216.
2. *Ibidem.*
3. *Ibidem*, art. 2217.
4. *Ibidem*, art. 2239.

ne porte pas le citoyen à la vertu, mais toutefois ne l'en dispense pas.

L'obéissance n'est plus acquise en conscience dans les régimes totalitaires. En effet, l'autorité ne tire pas d'elle-même sa légitimité morale. Elle ne doit pas se comporter de manière despotique, mais agir pour le bien commun, en respectant les minorités, comme une force morale fondée sur la liberté et le sens de la responsabilité. Le refus d'obéissance peut se justifier « lorsque les exigences des autorités civiles sont contraires à celles de la conscience droite, des exigences de l'ordre moral, des droits fondamentaux des personnes et aux enseignements de l'Évangile [1] ». Dans les cas extrêmes, le recours aux armes est admis, « à condition de ne pas provoquer des désordres pires », et s'il est impossible d'agir pacifiquement, précise le nouveau *Catéchisme* [2].

Le général Weygand a bien défini ce cas particulier du devoir d'obéissance :

« Dans une situation normale, celle où tout fonctionne régulièrement dans l'État, dans la cité, le devoir d'obéissance est tout tracé et facile à pratiquer, conformément aux lois en vigueur. Au contraire, dans une période de crise d'ordre politique, moral ou religieux, le devoir d'obéissance peut devenir obscur, difficile à déterminer, à dégager d'événements et de situations complexes. C'est ici qu'intervient la conscience.

« L'homme procède alors à un sévère examen, duquel doit être absent tout sentiment d'amour ou de haine, ou même de charité, de fidélité à un parti ou à un homme, afin de définir nettement à soi-même le devoir par rapport à l'intérêt supérieur en cause. Le devoir ainsi reconnu, l'accomplir avec confiance et

1. *Catéchisme...*, *op. cit.*, art. 2313.
2. *Ibidem.*

fidélité, en sacrifiant au besoin ses intérêts, son bonheur, sa vie, sa réputation qui n'est que la façade du bonheur[1]. »

Dialogue

JJA — La pratique de l'obéissance évolue donc avec l'acquis des libertés. C'est pourquoi tout est aujourd'hui plus compliqué.

JG — En un sens, on a toujours des maîtres. En un autre sens on n'en a jamais. Car les maîtres se succèdent autour de vous comme des anges protecteurs, on leur emprunte ceci ou cela, mais finalement on n'a d'autres maîtres que soi-même, ou son Dieu. L'obéissance véritable n'est pas seulement celle qui consiste à se soumettre à la loi, ou à un ordre. C'est celle où l'on doit inventer le devoir chaque jour, parmi des cas de conscience insolubles peut-être.

JJA — Ce qui est le propre de la liberté, le pari hardi que fait la démocratie avec le citoyen responsable.

JG — Oui. Aujourd'hui, la liberté de l'esprit sauvegarde la dignité d'obéissance. Alain a dit : « L'obéissance et la résistance, voilà les deux vertus du citoyen. Par l'obéissance il assure l'ordre. Par la résistance il assure la liberté. » L'obéissance doit être « raisonnable ». Elle laisse le droit, elle fait même un devoir de réfléchir et de justifier.

JJA — Il y a ceux qui obéissent et ceux qui donnent les ordres. Pendant la guerre, vous avez été officier. Quelle est votre conception des devoirs du chef ?

1. *Revue Montalembert*, p. 61.

JG — Avant tout, le commandement est un service. Mais le chef demeure tenté par la puissance. À chaque instant il peut susciter soit l'amour, soit la haine. Il est vu de toute part, il est jugé, il est jaugé. Il peut être méprisé en silence. Il ne peut rester médiocre ou indifférent. Il lui faut choisir : être craint c'est-à-dire détesté, ou être respecté et aimé.

JJA — En cas de conflit de devoirs, il est indispensable que le chef soit respecté, sinon aimé.

JG — En effet. En ce cas, le problème de l'obéissance prend toute son acuité. On s'imagine que l'obéissance est simple dans les sociétés qui reposent sur la discipline : communautés religieuses, armée, partis politiques. Mais là comme ailleurs, qu'on soit docile ou révolté, on n'est pas entièrement délivré du tourment de choisir. La servitude qui émane de l'obéissance prise à la lettre paraît odieuse. Il y a partout des conflits de devoir et il en résulte schisme, sécession, révolution. « Voir où est le devoir », disait Foch. Il ne pouvait évidemment prévoir que ses deux disciples, de Gaulle et Pétain, se réclameraient un jour de son exemple dans leur opposition.

JJA — L'obéissance se trouve parfois prise entre la loi non écrite de la conscience et celle, écrite, de la cité. Cas de Jeanne d'Arc.

JG — Elle dut choisir entre deux solutions également obligatoires pour sa conscience : le droit de la vocation (libérer la France de l'occupation anglaise) et le droit de l'institution, l'Église, alliée des Anglais. Elle ne remit jamais en cause la légitimité de l'Église. Pas davantage le devoir de son âme, qui était l'obéissance à ses voix. Dès lors, elle n'eut pas d'autre issue que le sacrifice. Plus proche de nous, Teilhard de Chardin, et aussi le père dominicain Lagrange, dont le procès en béatification est ouvert. Il fut jadis admonesté par Pie X à cause de son interprétation réaliste des textes bibliques, alors qu'il tentait de réconcilier la science et la foi. Il se soumit. Sa méthode est aujourd'hui adoptée par l'Église.

JJA — D'une autre manière, Charles de Foucauld, à qui Rome avait interdit de célébrer l'eucharistie sans assistant au cœur du désert, se soumit aussi en murmurant : « L'obéissance est la consommation de l'amour. » Et on pourrait ajouter : le fruit de l'humilité, qui voit plus loin que la réalisation de ses désirs ou la réussite immédiate de ses idées, au point de sacrifier son œuvre pour laisser sagement à l'institution le temps d'évoluer, en évitant la rupture.

JG — Bergson me disait un jour avec humour, à propos des mystiques : « Ils cherchent le directeur qui les approuvera afin de pouvoir lui obéir. » Mais les directeurs de Foucauld n'étaient pas toujours d'accord avec lui ; il a cependant obéi.

JJA — Et vous, Jean Guitton ? Avez-vous toujours obéi ?

JG — Je le pense. Mais je me suis fait une vie dans laquelle il m'était plus facile d'obéir. J'admire beaucoup les moines qui obéissent par humilité.

JJA — J'en connais même qui pensent que si l'ordre est injuste, l'obéissance n'en sera que plus méritoire. Ils sont rares. Depuis les années 60, la notion d'obéissance semble compromise dans nos sociétés dites civilisées. Vous avez vécu cela à la Sorbonne, où il était « interdit d'interdire ». Plus récemment, à propos d'immigration, on a vu des hommes politiques et des intellectuels déclarer publiquement qu'ils n'obéiraient pas à une loi qu'ils estimaient injuste. Ceci n'est-il pas dangereux pour la démocratie ?

JG — Si. Le gouvernement, qui a d'ailleurs fait marche arrière, aurait pu éviter pareil dérapage en étant plus habile au départ. Il y a toujours risque à désobéir. Non seulement pour soi, mais aussi pour l'ordre établi. Car celui qui se sépare par la désobéissance introduit dans l'édifice social un principe de contestation, dont il ne pourra plus un jour arrêter les conséquences. L'existence de toute société peut exiger parfois qu'on se soumette à un ordre injuste.

JJA — En effet. Et celui qui se sépare, par la désobéissance, s'il devient lui-même un jour détenteur de l'autorité, sera moralement mal fondé à exiger de ses subordonnés, sinon par la voie autoritaire, l'obéissance absolue dont il avait cru bon auparavant de s'affranchir lui-même. De Gaulle a connu cela avec la révolte des généraux d'Alger. Toutefois, dans son article 2313, le nouveau *Catéchisme* conseille de ne pas obéir à un ordre contraire aux exigences de l'ordre moral.

JG — Il s'agit bien d'ordre moral, de morale naturelle, évidente : la corruption, les mauvaises mœurs, tous les crimes. Plus difficile est le discernement politique.

JJA — En effet, en 1940 il n'était pas évident, comme en 1944, de choisir entre Pétain et de Gaulle. L'un de mes oncles, député de la Haute-Loire, après avoir voté les pleins pouvoirs au Maréchal, rejoignit de Gaulle à Brazzaville. Vichy le condamna à mort. Je me revois dans la cour de mon lycée, j'avais douze ans. Mes camarades m'entouraient en me mettant sous le nez le journal qui annonçait sa condamnation. Passé le moment de stupeur, je ne savais trop quelle attitude prendre. Soudain, un « grand » s'avança et s'écria : « Cette condamnation, ce n'est pas une honte, c'est un honneur ! » Ce fut ma première leçon de gaullisme. Mais j'étais troublé, ô combien !

JG — Il y avait de quoi. Regardez le trouble que la désobéissance de Jeanne d'Arc a laissé dans l'histoire, même si l'histoire lui a rendu justice, car elle n'a désobéi qu'à des hommes d'Église. Roosevelt reprochait à de Gaulle de se prendre pour Jeanne d'Arc ! Ce n'est d'ailleurs pas de Gaulle qui a dit : « L'initiative est une désobéissance qui réussit », c'est le maréchal Lyautey.

JJA — Quelle conclusion peut-on tirer de ces drames cornéliens ?

JG — L'homme moderne obéit ou pas assez ou trop.

JJA — Est-ce le prix de la liberté ?

JG — L'effet, plutôt. L'obéissance a changé d'aspect. Jadis, on obéissait, parfois avec grogne, toujours autorisée. Aujourd'hui, pour bien obéir, il nous faut comprendre et approuver. Sinon, voyez ce qui se passe dans les conflits sociaux ; on préfère la révolte. Qu'est-ce qu'obéir sans approuver ? Ceci dit, il est clair que le difficile de l'obéissance, et sa vertu, c'est de la pratiquer quand elle pèse. Dans ces problèmes suprêmes, nous sommes seuls avec notre conscience.

JJA — Et à propos de l'obéissance que l'on demande aux jeunes, peut-être a-t-on oublié ce que me disait ce prêtre des Foyers de charité, Jacques Ravanel : « Éduquer, c'est aimer. » Alors, l'obéissance s'en suit tout naturellement, en douceur, avec amour.

Optimisme

Mots associés : confiance, bonne humeur, rire, joie, enjouement, bonheur, humour. *Antonymes* : pessimisme, tristesse, morosité, doute.

Citations : « Le monde appartient aux optimistes. Les pessimistes ne sont que des spectateurs. » (F. Guizot.) « Les gens joyeux guérissent toujours. » (Ambroise Paré.)

Définition : *Optimisme*, du latin *optimus*, le meilleur. Tendance à voir les choses du bon côté. Doctrine défendue par Leibniz, d'après lequel « tout est pour le mieux dans le meilleur des mondes possible ». Pour le croyant, Dieu ne peut vouloir que le bien et souvent le fait sortir du mal même.

« Étant pessimiste et craintive de nature, nous disait cette mère de famille dont le sourire illuminait la maison, l'optimisme, c'est l'effort de ma vie. » Cette volonté d'espérance peut être un don ou un effort, une vertu.

L'optimisme engendre la *bonne humeur*, dont Alain disait qu'« elle a quelque chose de généreux : elle donne, plutôt qu'elle ne reçoit ».

Sous cette rubrique, nous plaçons tout ce qui évoque le bonheur, tout ce qui procure *la joie*.

Dialogue

JJA — Commençons par l'optimisme. Peut-on être optimiste *et* réaliste ? Certains philosophes estiment que non, mais cette attitude revient à postuler que le mal est inévitable. Ils pensent le prouver en affirmant, par exemple, que c'est l'optimisme des libéraux européens qui a permis à Hitler de s'imposer en 1940.

JG — Ce n'est pas uniquement l'optimisme des Européens, c'est surtout leur lâcheté.

JJA — On peut reconnaître que le mal existe en l'homme, et en dehors de l'homme, tout en postulant, ou du moins en espérant que le bien finalement l'emportera.

JG — C'est un pari nécessaire. Sinon, il n'y a pas de vie possible. Le pessimisme systématique casse l'élan vital et conduit parfois au suicide. Il est raisonnable et positif de parier sur ce qui exalte et favorise la vie, et non sur ce qui la détruit. D'où mon option : non pas l'absurde, mais un mystère raisonnablement optimiste.

JJA — Vous êtes à la fois gai et mélancolique, Jean Guitton ; optimiste et pessimiste. Parfois l'un, parfois l'autre. Comment gérez-vous cette contradiction ?

JG — Ce mélange de tristesse et de joie mijote au creux de mon alambic. J'aime unir ces deux notes de peine et de contentement. Et même le sérieux le plus profond, je lui veux un enveloppement de joie. La gaieté me paraît une brume transparente et lumineuse dont il faudrait pouvoir envelopper toutes les choses douloureuses.

JJA — Peut-on dire que vous êtes optimiste ?

JG — Je ne suis pas pessimiste. Le pessimisme, c'est cette disposition à ne voir que le mal du siècle présent sans en reconnaître le côté ascendant et providentiel. Mais je tente aussi d'être lucide. Et j'ai bien le droit de rechercher la joie, à laquelle tout mon être aspire.

JJA — Parlons donc de la joie.

Du latin *gaudium*, on peut la définir comme une vive satisfaction de l'esprit, un bonheur intérieur qui soulève tout l'être.

« La joie est le passage à une perfection ou à une réalité supérieure », dit Spinoza. « Se réjouir, ajoute A. Comte-Sponville, c'est sentir augmenter sa puissance, c'est persévérer triomphalement dans l'être[1] ». C'est donc une exaltation de tout l'être, qui s'oppose à la tristesse, qui est diminution, perte de puissance, entropie. La joie est recherchée spontanément, plus que le plaisir, parce qu'être joyeux c'est exister davantage et que rien n'est plus agréable que d'exister. C'est pourquoi l'amour est joie, c'est « un plus d'existence ou de perfection ».

Avant tout, la joie, qui donne le bonheur, résulte de l'harmonie entre le corps et l'esprit, le vivant et la nature.

La joie est contagieuse. Faire la joie de quelqu'un est une grande vertu, et l'on est payé en retour, car le vrai bonheur c'est de donner la joie aux autres. Pour cela, il faut avoir soi-même la paix de l'âme et le cœur en fête, ce qui est le propre des personnes à la fois équilibrées et passionnées, ayant une forte raison de vivre. À l'inverse, Spinoza se révoltait contre « les envieux qui prennent plaisir à ma peine et qui tiennent

1. A. Comte-Sponville, *op. cit.*, p. 358.

pour vertu nos larmes, notre crainte et autres marques d'impuissance intérieure ».

La joie était pour lui un signe de perfection : « Plus grande est la joie, plus grande la perfection, plus il est nécessaire que nous participions de la nature divine [1]. »

La joie est en effet un culte à rendre à Dieu. Elle est le baromètre de l'âme. Son degré indique le degré de l'amour. Ne dit-on pas : « un saint triste est un triste saint » ? La joie, qui est aussi un débordement d'espérance, suppose une grande foi en Dieu ou en l'homme et un tempérament optimiste. Évidemment, c'est un don de naissance, mais il peut se cultiver, d'autant plus qu'il n'est jamais pur. L'homme est toujours tiraillé entre des sentiments positifs et négatifs, de confiance ou de doute, comme s'il y avait en lui deux esprits. C'est en ce sens que la joie, comme l'optimisme, est une vertu.

JJA — La joie est un sentiment très utile, qui s'oppose à la morosité. Elle implique une bonne santé psychique, et un sens élevé à donner à sa vie. Ainsi, Marthe Robin souffrait en permanence, mais elle était joyeuse.

JG — Il ne faut pas confondre la joie populaire, la liesse, la gaieté passagère, que l'on trouve dans les fêtes, et la vraie joie de vivre, durable, profonde, presque grave, qui implique une réflexion sur le sens de la vie. Marthe était toute donnée à sa mission, elle en tirait une joie indescriptible, comme de se savoir aimée du Christ auquel elle s'unissait [2]. La joie peut aussi venir d'une nature optimiste. Tant de pauvres

1. Spinoza, *L'Éthique*, IV.
2. Lire de J. Guitton : *Portrait de Marthe Robin*. De J.-J. Antier : *Marthe Robin, le voyage immobile*.

humains sont tristes sans raison. Pourquoi n'y en aurait-il pas qui seraient gais sans raison ? Simplement pour protester contre ces humeurs maussades, ces craintes, ces fronts plissés, ces paroles amères ?

JJA — C'est un fait : la joie rend fort. Mais quel est le secret de la joie ?

JG — La joie n'est pas seulement le fruit du travail, mais encore un moyen pour le travail. Il existe une joie d'avant l'effort et une joie aussi de l'effort qu'il faut réveiller en soi quand elle cesse, en interrompant ou en laissant dormir ce qui était accompagné de tristesse. L'homme moderne ne chante plus pendant son travail. Il sait si mal user des biens accrus qu'il reçoit ! Il veut posséder, mais il ne sait pas jouir.

JJA — Il y a donc une disposition d'esprit, une vertu susceptible de faire naître la joie ?

JG — Penser, se posséder soi-même, avoir ses plans et attendre l'heure, respirer profondément, travailler pendant qu'on a la lumière selon le mot de l'Évangile qu'aimait Proust, être assuré de la fidélité des siens, savoir qu'on tiendra ses promesses, se sentir enraciné sur un terroir, dans un axe imperturbable, miroir cependant ouvert à tout et capable de refléter l'univers, voilà le secret de la joie, car les œuvres suivront cette foi-là. Celui qui est ainsi assuré n'a plus qu'à se prêter aux appels, comme la plante, lourde de graines, se prête au vent. Les circonstances viendront d'elles-mêmes, les graines s'envoleront. L'œuvre, qu'elle soit pensée ou action, naîtra de cette surabondance. Un atelier, un commerce, une ferme, une usine, un bureau, une famille, une école, tout, dans le grand et dans le petit qui s'égalisent, peut apporter cette joie d'une vie qui émane de la vie comme par surcroît, avec ou sans efforts excessifs, sans trépidation, comme la lumière, la jeunesse ou la gloire. Un idéal qui doit servir de mesure si nous maintenons l'homme en nous au-dessus de son ouvrage.

JJA — Et pour l'esprit religieux, une vision transcendante.

JG — Chez l'âme mystique, la joie est toujours plus forte, triomphante. Elle éprouve déjà le bonheur qui lui sera donné de voir Dieu.

JJA — Comme a dit Simone Weil, « la joie est notre évasion hors du temps. » Elle engendre le rire.

Le rire (du latin *ridere*) est l'expression naturelle de la joie. C'est, dit Rabelais, le propre de l'homme. Le grave Bergson lui a consacré un livre. Mais il y a rire et rire. Dans son *Éthique*, Spinoza dénonce le rire qui tourne en dérision, qui méprise, qui raille. Il exalte au contraire le rire joyeux qui explose de l'être heureux, et qui est « une pure joie », une vertu. « Maintenir la sainte gaieté, c'est aussi le meilleur chemin pour progresser dans la vertu », disait saint Philippe Néri. Quant aux gens qui ne rient jamais, ce ne sont pas des gens sérieux, a dit Alain.

Les gens malheureux doivent-ils rire ? « Il faut rire avant que d'être heureux, de peur de mourir sans avoir ri », a répondu La Bruyère.

Non moins important est le *sourire*. Du latin *subridere*, le *Larousse* nous le décrit comme un rire rentré, sans éclat, par lequel on exprime silencieusement un certain bonheur par le seul mouvement de la bouche et des yeux. Mais que de charge affective dans ce sourire ! « Sourire de ce qu'on aime, c'est l'aimer deux fois plus », a dit Christian Bobin.

Ce rire muet révèle le bonheur intérieur et discret, une manière indulgente de prendre la vie : « Souris, même à l'envie amère et discordante », a dit Victor Hugo. Dans la vie de tous les jours, il manifeste la bonté, l'ouverture, l'accueil d'autrui ; il témoigne de l'affection. Qui n'a fondu de bonheur devant le sourire confiant de l'enfant que l'on a su rendre heureux ?

Dans les moments tragiques de la vie, lorsqu'il est impossible de rire, on peut toujours sourire, ce qui est une manière de sublimer le malheur et la mort, d'accepter le destin. Sa contagion est grande, son effet social saisissant. « Si on me sourit dans la rue, disait cette femme que la vie n'avait pas épargnée, cela me fait un bonheur, car ce sourire rompt l'indifférence, l'isolement, le mépris. » Le sourire représente une présence bienveillante à l'autre. À l'inverse, « on ne doit pas accorder sa confiance à quelqu'un qui ne sourit jamais », a dit Montherlant. Savoir sourire rend beau ou belle l'être le plus disgrâcié. Et « plus le visage est sérieux, plus le sourire est beau », remarquait Chateaubriand. Le sourire est non seulement une vertu, mais c'est aussi un art.

JJA — Je vous vois sourire, Jean Guitton. Vous ne me contredirez pas, vous, le grave philosophe, si je dis que le sourire est une vertu, qui illumine la vie, la sienne et surtout celle des autres. Une femme, un enfant qui sourient dans la maison, c'est un soleil, c'est le bonheur. À opposer à ces visages tristes, taciturnes, qui jettent de l'ombre partout où ils passent. Le sourire n'est pas le rire, même s'il est un rire rentré, un rire intérieur, jamais vulgaire. Le sourire n'est pas la joie, même si la joie engendre secrètement le sourire, dans la durée. Alors, comment le définir ?

JG — Le sourire est le signe de l'esprit sur un visage. Je pense au sourire de l'ange de la cathédrale de Reims. L'ange sait. L'ange se tait. Il n'éclate pas d'un rire ironique, comme un démon imbécile. Il est possédé par un bonheur tranquille, une certitude. Il ne se révèle que par le sourire et, au seuil de la cathédrale, la maison de Dieu, l'ange fait sourire même la pierre.

JJA — Mais que dire du sourire de la Joconde ? Sourire énigmatique, très différent de celui de l'ange.

JG — On pourrait se demander si la splendeur un peu triste de la Joconde ne consiste pas surtout en ceci qu'elle peut réveiller chez une multitude de visiteurs, par l'énigme de son sourire, l'instant d'un certain bonheur, lui-même énigmatique.

JJA — Pourquoi énigmatique ?

JG — À cause de la tristesse qui se cache sous ce sourire. Or, même dans les nuits de la vie, il y a parfois des instants inouïs de joie sans cause, qui vous consolent, qui compensent tout. C'est ce qu'exprime ce sourire.

JJA — Comment une joie peut-elle être sans cause ?

JG — J'ai voulu dire « sans cause explicable ». Tout ce qui parle d'amour ou d'amitié chante cela obscurément. Même la mort.

JJA — La mort ?

JG — Oui. Quand on est comme moi très proche d'elle, on a parfois l'impression qu'un voile opaque se déchire brusquement sur un point et que, derrière ce voile, se cache un autre univers, laissant filtrer un seul rayon.

JJA — Mais alors, pourquoi cette tristesse de la Joconde, cachée derrière ce sourire ?

JG — C'est le mystère du temps. L'instant privilégié, à peine entrevu, appartient déjà au passé. Il est devenu une illusion rétrospective de la ferveur et de la mélancolie. Il y a chez l'homme un impossible arrêt de l'existence dans le bref passage du bonheur : une grâce artistique qui transfigure l'existence quotidienne, une évasion soudaine, une visite qui ne laisse pas de carte, mais un peu de tristesse, parce qu'on ne connaît pas le secret qui permettrait de les reproduire.

JJA — Le sourire de la Joconde révèle un monde en soi ; mais aussi, au-delà, celui de l'artiste. Si « Mme Bovary c'est moi », comme a dit Flaubert, la Joconde est-elle Léonard de Vinci ?

JG — Certes ! Elle est la somme de ses pensées sur la femme, la nature, l'être, une méthode de vie et de destinée, peut-être la recherche de son unité intérieure, en tout cas une sagesse. Il gardait ce tableau près de lui, miroir de ce qu'il avait d'inexploré et d'impossible dans le songe créateur. Il avait besoin de ce message chiffré.

JJA — Un sourire.

JG — Un certain sourire...

JJA — Le vôtre, Jean Guitton. Vous avez l'air austère, c'est votre façade de philosophe. Mais pour qui vous connaît, vous rayonnez l'humour, de cet humour qui nous permet d'accepter ce qui nous fait souffrir.

JG — L'humour, c'est un mélange d'ironie et d'amour. En fait, l'humour n'est guère éloigné de l'amour. C'est de l'amour caché sous le voile de l'ironie. Les religieuses disent que c'est le petit frère de l'amour.

JJA — Alors, terminons sur l'humour. Comment le définissez-vous ?

JG — Celui qui ne sait pas rire peut exprimer sa

joie par l'humour. C'est une gaieté d'imagination, un mélange de science, de morale et de traits plaisants destinés à atténuer la rigueur du discours.

JJA — Le célèbre dominicain Sertillanges parlait « du sens divin de l'humour ». Serait-ce une vertu ?

JG — L'humour, qui se moque de la morale sentencieuse, permet à la vertu de ne pas être triste et de se faire pardonner son caractère contraignant. Il est aussi, par la dérision de soi-même dans les épreuves, une forme de politesse pour ne pas importuner les autres.

JJA — André Comte-Sponville en fait une vertu et a ce mot saisissant : « L'humour est une conduite de deuil. »

JG — C'est vrai. Il permet de supporter ce qui nous fait souffrir en remettant à leur place les vraies valeurs du détachement.

JJA — Nous voilà loin de l'optimisme et de la joie.

JG — Mais pas du rire ! On peut rire de tout, sauf des souffrances d'autrui et à condition de ne pas s'épargner soi-même. Pourquoi aime-t-on tant les humoristes, comme Desproges, Devos ou Coluche ? Parce qu'ils ajoutent un peu de joie, sinon de charité, à la misère du monde qu'ils dénoncent. Non seulement l'humour permet aux petits de se gausser des grands, mais il guérit, il libère, il aide à vivre.

JJA — Bienheureux ceux qui savent rire d'eux-mêmes. Ils n'ont pas fini de s'amuser !

Patriotisme

Mots associés : nationalisme, chauvinisme. *Antonymes* : universalisme, internationalisme, mondialisme.

Citations : « La première vertu est le dévouement à la patrie. » (Napoléon.) « Les ouvriers n'ont pas de patrie. » (Marx et Engels, *Manifeste du parti communiste.*) « La véritable Europe a besoin des patries comme un corps vivant de chair et de sang. » (F. Mitterrand, *Le coup d'État permanent.*)

Définition : Du latin *patria*, emprunté au grec : descendance, lignée ; et de *pater* : père. Amour de la patrie, pays où l'on est né, ou dont on a acquis la nationalité par ses mérites (patrie d'adoption), et dont on est le citoyen responsable, doté de devoirs et de droits, dans une communauté d'intérêts.

L'idée de patrie est très ancienne. L'historien latin Salluste exaltait « la patrie, les enfants, la terre et le foyer » (*Catalina.*) Toutefois, Socrate se proclamait « citoyen du monde », et le Grec Aristophane écrivait, quatre siècles avant J.C., « Où l'on est bien là est la patrie. »

Beaucoup de jeunes refusent aujourd'hui la notion de patriotisme, qu'ils jugent étriquée, dépassée et qu'ils confondent souvent avec le *chauvinisme*, impliquant un patriotisme exacerbé et dangereux, qui méprise les autres nations. Ils se sentent solidaires de tous les hommes, qui ne sont pas des « étrangers », mais des frères. Déjà, G. de Maupassant estimait que « le patriotisme c'est l'œuf des guerres ». Cet universalisme était aussi défendu par Lamartine : « Voyez-vous des frontières dans le ciel ? Chacun est du climat de son intelligence ; je suis concitoyen de toute âme qui pense. La vérité c'est mon pays. »

Jules Roy va plus loin, qui affirme : « Ma vraie patrie, c'est peut-être la Voie Lactée, plus encore que la terre », une notion presque religieuse qui rejoint celle des chrétiens : « Ma patrie c'est le ciel. » Tandis que pour Paul Leautaud, « la première patrie c'est la vie ».

À cet universalisme généreux s'oppose le *nationalisme*, ennemi de la mondialisation. Celle-ci peut revêtir des formes contradictoires : internationalisme de classe, de type autoritaire marxiste ; mondialisme hyperlibéral vu comme une interdépendance économique de tous les peuples ; idéalisme prônant une seule terre, une seule patrie, qui permettrait un jour de combler l'abîme qui se creuse entre les nations riches et le tiers monde.

Le problème est réel, parfois dramatique. On ne peut plus se satisfaire des anciennes définitions. Celle du sociologue G. Le Bon : « Le patriotisme reste la plus puissante manifestation de l'âme d'une race. Il représente un instinct de conservation collectif qui, en cas de péril national, se substitue à l'instinct de conservation individuel[1]. » Celle de Gérard de Nerval : « Nous appartenons au sol par bien des liens. On n'emporte pas les cendres de ses pères à la semelle de ses souliers[2]. » À l'heure d'Internet, on ne peut même plus dire, avec Albert Camus : « Oui, j'ai une patrie : la

1. Gustave Le Bon, *Hier et demain.*
2. Gérard de Nerval, *Les Filles du feu.*

langue française[1]. » Mais on aura toujours le droit de chanter avec Jacques Brel : « Quand le vent est au rire, quand le vent est au blé, quand le vent est au sud, écoutez-le chanter le plat pays qui est le mien ! »

Dialogue

JJA — Il est courageux de notre part d'avoir mis ce mot « politiquement incorrect » dans la liste de nos vertus. Aujourd'hui, en France même, l'idée de nation est ébranlée. Comment rester « patriote » et français sans être aussitôt classé comme extrémiste de droite et « diabolisé » comme tel ? La réponse n'est pas facile, mais le silence et la prudente lâcheté n'arrangeraient rien. Nous plaidons ici pour la réconciliation des Français, autour de l'idée pure et belle de mère-patrie, qui doit coexister avec celle d'un monde uni et fraternel. N'oublions pas ce cri des patriotes républicains de Valmy : « Vive la Nation ! »

JG — Au minimum, on devrait pouvoir adhérer à cet article 2239 du nouveau *Catéchisme* : « L'amour et le service de la patrie relèvent du devoir de reconnaissance et de l'ordre de la charité[2]. »

JJA — Permettez-moi aussi de citer l'article 2310, dans lequel l'Église fait un devoir de la défense de la patrie menacée par un injuste agresseur : « Les pouvoirs publics ont dans ce cas le droit et le devoir d'imposer aux citoyens les obligations nécessaires à la défense nationale. Ceux qui se vouent au service de la

1. Albert Camus, *Carnets.*
2. *Catéchisme..., op. cit.*

patrie dans la vie militaire sont les serviteurs de la sécurité et de la liberté des peuples. S'ils s'acquittent correctement de leur tâche, ils concourent vraiment au bien commun de la nation et au maintien de la paix. » Et maintenant, remontons le temps. Quels souvenirs ce mot de « patriotisme » évoque-t-il pour vous ?

JG — J'avais treize ans à la déclaration de guerre de 1914 et je participais, en apprenant l'histoire de France, à l'exaltation mystique de tout un peuple. Je voyais les trains de soldats passer, « direction Berlin ! », et je participais à cet oubli fatal de cette réalité terrible de la guerre dont je savais obscurément qu'elle fabriquait de la mort comme une usine fabrique des armes. Deux mois plus tard, la France était envahie jusqu'à la Marne, Paris menacé. La « patrie » prit alors pour moi une présence charnelle, immédiate et souffrante comme celle d'une mère ou d'une grande sœur malades. Elle fut enfantée en nous par les douleurs de la guerre, qui oxygénaient son fantôme abstrait, exsangue. Et Paris « ville ouverte » toujours sous le feu d'un ennemi voisin, proche, devint pour moi un trésor fragile et menacé, dont la beauté, comme celle des jeunes filles, fut liée à la sensation du vulnérable.

JJA — Cependant, malgré l'ambiance collective, votre « exaltation mystique », allait tomber peu à peu ?

JG — Oui. La guerre s'éternisait. En 1916, l'oral du baccalauréat me proposa comme sujet de français le commentaire de ce sonnet de Du Bellay : « France, mère des arts, des armes et des lois, tu m'as nourri longtemps du lait de ta mamelle. » Mais chaque semaine, on apprenait la mort d'un homme que l'on avait connu et la mutilation de dix autres. Comment ne pas se révolter ?

JJA — Alors, malgré vous, vous n'avez pu vous empêcher de relier les deux mots : patriotisme et guerre.

JG — Oui. Mais c'était une souffrance supplémentaire.

JJA — À quel moment précis avez-vous compris l'absurdité de la guerre ?

JG — À quinze ans je discernais l'absurdité en même temps que la sublimité de la guerre, l'impossibilité de ne pas accomplir tout son devoir qui, dans ce cas, est comme un martyre. Et je me disais : « Mais qu'est-ce donc que la France ? » Question à laquelle je n'ai pas encore répondu.

JJA — En 1917, quittant Saint-Étienne, votre ville natale, vous êtes donc « monté » à Paris. Un rêve déjà presque brisé par la menace d'invasion.

JG — Mon père m'avait fait inscrire au lycée Louis-le-Grand, pour préparer l'École Normale. Je crois encore entendre le bruit sourd des obus énormes de la « Grosse Bertha ». Il fallut un an pour repousser l'ennemi et acquérir cette victoire que, dans l'exaltation patriotique, nous ne savions pas si fragile... Et vous, Jean-Jacques Antier, où étiez-vous à treize ans ?

JJA — À Rouen, écrasé à la fois par la botte nazie et par les bombes américaines. Mon patriotisme était exacerbé. J'écoutais en vibrant la voix rauque de de Gaulle à travers les brouillages de la BBC. En 1944, la Libération fut pour moi le plus grand moment de ma vie, le jour où un immense drapeau tricolore (interdit pendant l'Occupation) flotta à la lanterne de la flèche de la cathédrale. Je n'ai jamais renié ces émotions très pures, ni ma fierté d'être français, malgré les années noires de l'Occupation. La plupart des jeunes, aujourd'hui, et même des adultes nés après la guerre, ne peuvent pas comprendre cette notion exaltée du patriotisme. On avait *perdu* la France. Par la défaite ou par l'exil. Exil des prisonniers, des déportés. Exil volontaire de ceux qui avaient choisi Londres ou Alger.

JG — Oui, j'ai vécu cela d'une manière aiguë dans mon camp de prisonniers en Allemagne, en 1940. Nous avions organisé une fête des provinces françaises. Le régionalisme est sans doute la racine du patriotisme : ce sentiment mystique de la province natale, qui peut d'ailleurs être Paris. Le soleil, magnifique et tendre, illuminait nos pauvres costumes. Il y eut, au moment de ces danses finales, quelques minutes de perfection et d'oubli d'exil, j'oserais presque dire d'extase, pour ceux qui étaient possédés par l'amour mystique de la France. Nous regardions vers l'ouest. La France renaissait sous nos yeux.

JJA — Vous le voyez, Jean Guitton : vous avez été « patriote » ; je l'ai été aussi. Le sommes-nous encore, du moins dans le sens où l'entendaient nos pères, « ces héros de 14 », à l'heure où la France et l'Allemagne, réconciliées, regardent ensemble vers cette entité évanescente : les États unis d'Europe ?

JG — Étant né avec ce siècle des grandes guerres mondiales, j'ai connu trop d'amis « morts pour la France ». Beaucoup eurent une attitude de martyrs. À travers la patrie, ils entendaient témoigner d'une vérité intemporelle dont la France leur paraissait être le symbole. Aujourd'hui, on a transposé ce sentiment dans le social, on ne l'a pas aboli. Nous savons que les patries, les empires, sont éphémères et sans avenir absolu. Ce ne sont pas des *demeures éternelles*. Seul Dieu est tout en tous, comme a dit saint Paul.

JJA — L'idée de patrie est en forte diminution chez les jeunes. Le terme de « patriotisme » les fait sourire.

JG — Les jeunes, image du monde à venir, ne tolèrent plus les hypocrisies utiles, les feintes saintes. Ce qui ne veut pas dire que l'amour de la patrie soit absent. Il le leur faut désormais motivé, convaincu, personnel, lucide. On ne peut plus se taire sur l'essentiel, ni soustraire à la contestation les principes derniers sur lesquels on fonde sa conduite.

JJA — Je remarque aussi que de Gaulle reste pour beaucoup un modèle, et pas seulement à droite. Il incarne l'idée de la patrie.

JG — Oui : « une certaine idée de la France ». Patrie, c'est un mot qu'on ne sait plus prononcer. Nul n'en parlait mieux que lui. En 1961, je lui apportai mon livre sur Jeanne d'Arc. Il le prit dans ses longues mains, le feuilleta, puis il murmura : « À une époque où tous autour d'elle étaient dans l'incertitude, dans le désarroi, dans le désespoir, Jeanne, appuyée sur sa conscience, sur l'inspiration et aussi sur des voix qu'elle disait venir du Ciel, incarna la substance, l'essence, l'éternité de la patrie. » Dans ce salon de l'Élysée baigné par la lumière de midi, où le soleil faisait resplendir les ors, j'imaginai un ange marquant le corps du Général d'un stigmate : *l'idée pure de la France*.

JJA — Nous sommes donc d'accord sur l'essentiel ?

JG — Sans doute. Mais rien n'est simple en cette époque de mutations. Il faudrait définir l'idée de patrie et celle de nation, qui ne sont pas similaires. Pour faire du patriotisme une vertu, il faudrait démontrer son caractère permanent et intangible. Une « vraie vertu » demeure intemporelle.

JJA — Alain Peyrefite a dit : « L'idée de patrie n'est pas passéiste. Elle est permanente. » Et vous, quelle est votre définition d'« un patriotisme vertueux et intangible » ?

JG — Il me semble qu'aujourd'hui, être patriote, c'est posséder et mettre en œuvre la capacité de se dévouer, voire de se sacrifier pour la communauté à laquelle on se sent attaché par l'histoire, par la naissance, par la langue, par la culture. À votre tour, pouvez-vous donner une définition du patriotisme qui, en l'an 2000, puisse être acceptée par tous, jeunes ou vieux, Français ou Allemands, de souche ou immigré ?

JJA — Je la résumerai en trois points : J'aime mon pays, la France, dans sa diversité de races. Pour la défendre si elle était attaquée, je suis prêt à donner ma vie, car pour moi, être Français, ce n'est pas seulement payer des impôts et toucher des allocations. Je me sens aussi étroitement lié à l'Europe et au monde. Pour employer le mot favori de Charles de Foucauld, je me sens vis-à-vis de tous les hommes de bonne volonté « frère universel », sans que cela exclue ma conscience d'appartenir à une communauté dont le destin et l'intérêt général guident mes sentiments. Aujourd'hui, toute référence à la nation est considérée comme péché de *nationalisme*, tare politique. Quant au mot « patriotisme », il semble n'avoir jamais existé. Or, comme le dit le professeur Yves Lacoste, fondateur de la revue *Hérodote*, « il est grand temps de remettre à l'honneur un discours républicain de la nation », faute de quoi notre pays risque de se diluer, c'est-à-dire de perdre son âme.

JG — Qu'entendez-vous par « discours républicain de la nation » ?

JJA — « Liberté, égalité, fraternité. »

Persévérance et patience

Mots associés : obstination, ténacité, constance. *Antonymes* : découragement, versatilité, inconstance, abandon.

Citations : « Ce n'est pas celui qui commence, mais celui qui persévérera jusqu'à la fin dans l'œuvre entreprise, qui sera sauvé. » (Saint Jean Cassien.) « Une suite de petites volontés fait un gros résultat. » (Baudelaire, *Mon cœur mis à nu*.)

Définition : Du latin *perseverare : per-severus*, persister dans la difficulté. Qualité de celui qui persévère ; mais ce n'est pas toujours une vertu, car on peut aussi persévérer dans le mal. Dans la vie courante, la persévérance, associée au bien, est plus précieuse que l'habileté, qui parfois se décourage. Demeurer constant dans une décision prise et y investir sa volonté et son énergie en vue de réaliser son projet est une des clés de la réussite. La célèbre formule attribuée à Guillaume d'Orange : « Il n'est pas besoin de réussir pour persévérer... », paraît peu convaincante en ce siècle qui exige du travail un résultat, et rapide. Mais elle garde toute sa valeur pour définir cette vertu qui est un appel à ne pas se laisser décourager par les échecs et les difficultés.

L'entêtement désigne la persévérance dans l'erreur. Mais *l'obstination* est un entêtement motivé.

La patience (du latin *patientia*, de *patior*, pâtir, souffrir) est une petite fille de la persévérance. Elle aussi vient à bout de tout, car « patience passe science ». Elle est parfois plus efficace que la force : « Patience et longueur de temps font plus que force et que rage », a dit La Fontaine. « Pilier de la sagesse » (Mistral), c'est ordinairement une vertu qui fait supporter les maux sans se lasser, jusqu'à *la résignation.* « La patience est le courage de tous les jours », dit le proverbe. Et Vauvenargues : « C'est l'art d'espérer. » Mais le génie est-il « une longue patience », comme le suggère Buffon ? Certes, mais avec à la base l'éclair du génie. Il en est de même de tous les talents portés à la perfection.

La patience est une vertu peu prisée en notre siècle d'agitation et de vitesse, il n'y voit que lenteur. En fait, elle est (ou était) la sagesse de ceux qui ont le temps, voire l'éternité : les paysans d'autrefois, les moines défricheurs, les marins de la voile. Et surtout « la nature » et la vie qui prennent tout leur temps pour construire quelque chose qui nous échappe encore.

Humble, la patience est une « petite vertu », celle aussi des malades, des souffrants. Son mérite est discret, même quand elle est poussée jusqu'à l'héroïsme : souffrances physiques et morales, endurées sans s'exprimer pour ne pas faire souffrir l'entourage... On ne l'en aimera que plus. Sainte Catherine de Sienne la considérait comme « la moelle de la charité », dans le rapport quotidien avec les autres. Patience des mères et des enseignants. Patience dans les relations conjugales et familiales. En communauté ou dans le travail ; en politique, etc.

Dialogue

JJA — Quel est le secret de la patience ? Ou, si vous préférez, pourquoi est-on patient plutôt qu'impatient ?

JG — Question de caractère. On est ou on n'est pas patient. Certains, surtout en pays latin, ont le sang chaud, ils explosent facilement. Ils ne savent pas, comme les Anglais, garder leur sang-froid. Les enfants, les jeunes, exigent tout et tout de suite. La vie leur apprendra la patience. C'est alors une vertu, car, disait Montaigne, « nous nous perdons d'impatience ». Quant à la persévérance, c'est persister avec patience dans la voie qu'on a choisie. Une qualité sans laquelle les autres dons se dissipent. En 1942, Churchill disait : « Pour gagner la guerre, il faut des hommes, de l'argent, de la patience. Les Russes donnent les hommes, les Américains l'argent et nous la patience. »

JJA — Et les Français ?

JG — En 1940, ce fut le sacrifice, qui implique aussi la patience. Charles du Bos logeait toute la sagesse humaine dans cette maxime d'un poète anglais : « À celui qui attend, toutes choses se révèlent elles-mêmes, pourvu qu'il ait le courage de ne pas renier dans les ténèbres ce qu'il a vu dans la lumière. »

JJA — L'exemple de Churchill, gardant dans le combat l'Angleterre menacée, alors que la prudence avait incité M. Chamberlain à rechercher une honteuse paix de compromis avec Hitler, c'est plus que de la persévérance, c'est de l'obstination, cette vertu extrême qui va bien au-delà de la persévérance ordinaire.

JG — Autre personnage obstiné qui me revient en mémoire, le maréchal Foch, que je rencontrai à une réunion d'étudiants en 1926. Je fus frappé par ce menton en forme de sabot. Alain disait que pour juger un homme, pressentir sa destinée, il fallait regarder non pas son front mais le saillant du menton, qui indique l'obstination. Foch nous en parla effectivement. Il ne suffisait pas d'avoir une idée juste, il fallait la maintenir contre vents et marées. Il songeait aux mois terribles de 1918, où le front avait été enfoncé, Paris menacé. « L'adversaire est fort, disait-il ; il ne lâchera que si notre ténacité dépasse la sienne. »

JJA — Au fond, l'obstination ordinaire, c'est la persévérance lorsqu'il n'y a plus d'espoir raisonnable. L'obstination géniale introduit dans le comportement un don singulier de discernement. On pense au général de Gaulle.

JG — Oui. C'est bien le même genre d'esprit stratège allant d'emblée à ce qu'il juge essentiel, négligeant le reste avec hauteur. Ce trait de caractère de De Gaulle, de Churchill et de Foch, c'est-à-dire le regard porté d'emblée sur l'essentiel et l'obstination à maintenir le cap envers et contre tout m'a toujours paru analogue à l'effort des philosophes pour distinguer l'essence de l'accident, ou à celui des mystiques qui, ayant jugé la vie du point de vue de l'éternité, tiennent pour peu de chose les accidents de la souffrance et de la mort inscrits dans le temps.

JJA — C'est aussi votre effort, Jean Guitton, philosophe obstiné et croyant resté fidèle un siècle durant aux promesses de votre enfance : croire au mystère de lumière, invincible espérance, au lieu de sombrer dans l'absurdité du néant, option de votre frère de l'ombre, Jean-Paul Sartre ?

JG — Oui, je sens la lumière proche : impression d'une promesse qui va être tenue, d'un temps qui va venir. Mais que ce siècle réfractaire a été long et difficile ! Siècle de scepticisme, où la violence et le mal ont semblé devoir démentir la bonne nouvelle annoncée à ceux qui sont doux et humbles de cœur. Cette traversée du siècle me fait songer à celle de l'Atlantique Sud par Mermoz, tentant de relier l'Europe et l'Amérique du Sud, via l'Afrique, et se heurtant au pot-au-noir, ce réservoir de tourbillons, de foudres et de nuées.

JJA — Mermoz *s'obstina* et, comme Lindbergh dans l'Atlantique Nord, il gagna.

JG — C'est cet exemple que je voudrais laisser aux jeunes qui vont avoir vingt ans en l'an 2000 et vont affronter ce troisième millénaire chargé d'espoir et de combien de menaces ! Tous ceux qui, comme moi, ont longtemps vécu, nous avons connu cette surgie d'obstacles, prévus et imprévus, qui nous happent dans leurs tourbillons noirs, nous aveuglent, nous font douter de tout. Nous ne pouvons en triompher qu'en fuyant en avant, comme Mermoz, selon l'axe que nous avons fixé. Pendant cinquante ans l'humanité a avancé à tâtons sous l'ogive de deux terreurs contraires qui s'annulaient et lui composaient une sorte de paix.

JJA — Hier cette guerre froide entre le monde occidental et l'Union soviétique. Demain, d'autres périls : la montée en puissance des peuples affamés, le terrorisme, l'intolérance, le chômage, la pollution, le refus de la vie associé à la drogue.

JG — Il est donc clair que l'avenir reste vulnérable, qu'il pourrait retomber en flammes noires. Mais, contrairement à ce que disait le Taciturne, il est indispensable d'espérer pour entreprendre et de réussir pour persévérer. Plus que jamais il va falloir travailler, souffrir, fonder et habituer les générations à la patience, à la persévérance, à l'obstination ! C'est à ce prix que la promesse d'un monde meilleur sera tenue.

JJA — Et ceci est valable dans les grandes comme dans les petites choses. Réussir la vie de tous les jours exige aussi patience et persévérance : le couple, la famille, le travail, les contacts humains, l'écriture, l'art, le sport, la maladie, la conversion personnelle sans cesse à affiner, à reprendre, à remettre en cause ; la vie spirituelle, petite source intérieure sans cesse menacée... Et me reviennent ces quatre vers de sainte Thérèse d'Avila, réformatrice du Carmel envers et contre tous, fondatrice de communautés patientes, exigentes, persévérantes :

Que rien ne te trouble,
Que rien ne t'épouvante,
La patience obtient tout.
Dieu seul suffit.

Prudence

Mots associés : sagesse, bon sens, mesure, circonspection, pondération. *Antonymes* : imprudence, folie.

Citations : « La prudence est l'amour qui sépare avec sagacité ce qui lui est utile et ce qui lui est nuisible. » (Saint Augustin.) « Prudence est mère de la sûreté. » (Dicton.)

Définition : Du latin *prudentia*, de *providere* : prévoir, pourvoir. Qualité qui permet de détecter les dangers ou les fautes, qui fait connaître et pratiquer ce qui est convenable dans la conduite de la vie. La prudence s'efforce de discerner et de choisir le bien, le bon, l'utile. Elle diffère de la sagesse en raison de son petit côté calculateur. « Mettez votre confiance en Dieu et conservez votre poudre bien sèche », disait Cromwell à ses soldats. Elle est une sagesse utilitaire pour l'action, et la sagesse ne saurait s'en passer.

D'après Aristote, la prudence serait la disposition qui permet de délibérer correctement sur ce qui est bon ou mauvais pour l'homme dans une situation déterminée en vue d'agir au mieux de ses intérêts. « Elle conditionne toutes les autres vertus, précise A. Comte-Sponville, citant Epicure, car aucune, sans elle, ne saurait ce qu'il faut faire[1]. » « Il est nécessaire, souligne saint Thomas d'Aquin, qu'il y ait dans la raison une vertu intellectuelle qui lui donne assez de perfection pour bien se comporter à l'égard des moyens à prendre. Cette vertu est la prudence[2]. »

Les détracteurs objectent qu'elle n'est ni la justice, ni l'amour. Et « quand la prudence est partout, le courage n'est nulle part », ajoute le cardinal Mercier. Kant ne la considère pas non plus comme une vertu, mais « comme un amour de soi éclairé et habile ». Marivaux avait observé que les êtres bons sont souvent imprudents par excès de bonté, alors que les prudents sont rarement bons.

La prudence n'est pas une science, mais « elle en tient lieu là où la science fait défaut ». (CS 45). Les animaux disposent de l'instinct pour s'organiser, se diriger, éviter la souffrance, trouver le plaisir ; les hommes sages ont la prudence.

Toutefois, elle n'est pas timidité, elle n'exclut pas le risque, elle sait le peser pour affronter le danger. « Elle n'est ni la peur, ni la lâcheté. Sans le courage elle serait pusillanime ; sans elle le courage serait témérité ou folie. » (CS 47).

Elle ne doit pas primer la vertu : « La prudence conseille, la morale commande », dit Kant. L'idéal serait que l'amour motive notre action et que la prudence la guide. Face aux périls que les excès de la civilisation font courir à l'humanité, la prudence est une qualité nécessaire, même si elle dérange comme parfois l'écologie, ou les protections que le risque du sida impose à l'amour libre.

1. A. Comte-Sponville, *op. cit.*, p. 43.
2. Saint Thomas d'Aquin, *Somme théologique*.

Dialogue

JJA — Voilà l'une des quatre vertus cardinales, héritage d'Aristote, qui fera sourire les gens en quête d'extrême. Comment définissez-vous la prudence ?

JG — Être prudent, c'est faire prévaloir en soi l'homme de longue durée sur l'homme de l'instant. Mais à notre époque de mutations, il faut un effort presque surhumain pour se représenter l'avenir où nous nous précipitons.

JJA — Être prudent, c'est être « raisonnable ».

JG — Cette vertu dispose en effet la raison pratique à discerner en toute circonstance notre véritable bien et à choisir les justes moyens pour l'accomplir. Comme le dit Aristote, « la prudence est la droite règle de l'action. Elle ne se confond ni avec la timidité ou la peur, ni avec la duplicité ou la dissimulation ». Elle conduit les autres vertus en leur indiquant règle et mesure. Elle guide le jugement de la conscience. Toutefois, la frontière demeure imprécise entre la prudence et la timidité. Une certaine audace et le goût du risque sont nécessaires dans la vie.

JJA — Il y aurait donc une bonne et une mauvaise prudence. Être trop prudent, c'est couper les ailes de l'action. Mais cela permet de survivre. On pense aux vers de Racine. « Ou beaucoup d'ans sans gloire, ou peu de jours suivis d'une longue mémoire ». Vous qui avez si longtemps vécu, vous devez être d'une prudence exemplaire.

JG — C'est un problème de discernement. Si j'ai vécu si longtemps, est-ce parce que j'ai été prudent ? Je l'ai été selon les circonstances. Pour réussir et survivre, il faut prendre des risques. La prudence m'incitait à ne pas me présenter à l'Académie contre un duc. Et j'ai pourtant été élu.

JJA — Dans ma jeunesse, j'ai fait preuve d'une folle imprudence. J'ai risqué cent fois ma vie alors que cela n'en valait pas la peine. Je l'ai risquée *gratuitement*.

JG — Pour la frime ?

JJA — Pour un plaisir passager. Comme si la vie ne valait rien. La jeunesse éprouve le besoin instinctif de s'éclater. C'est comme une ivresse. J'ai connu celle de se lancer sur la route en chevauchant une moto comme un cheval sauvage. On fait corps avec la machine. On sent en soi un autre moteur qui s'emballe. Le cœur, la vie ! Vous parliez de discernement ?

JG — Nous parlions de la prudence. Survivre *et* réussir sa vie, c'est savoir prendre tous les risques si le jeu en vaut la chandelle. Alors, pour une grande cause, on peut bien mettre la prudence au placard !

Pudeur

Mots associés : décence, discrétion, réserve, retenue, modestie, chasteté. *Antonymes* : impudeur, indécence, indiscrétion, provocation.

Citations : « La pudeur est le parfum de la volupté. » (André Suarès, *Voici l'homme.*) « La pudeur, c'est l'épiderme de l'âme. » (Victor Hugo, *Les misérables.*) « Ta pudeur singulière s'emploie à cacher ce que tu nommes faiblesse, ce que je nomme amour. » (Colette, *Sept dialogues de bêtes.*)

Définition : Du latin *pudor*, retenue ; *puritas*, pureté, et *pudere*, avoir honte. Retenue qui empêche de dire ou de faire ce qui peut blesser la décence. Par extension, réserve pour éviter de choquer le goût des autres ou de les gêner moralement.

Une pudeur excessive tombe dans le rigorisme des mœurs, la pudibonderie, la pruderie, le puritanisme.

À l'inverse, l'attentat à la pudeur désigne une provocation impudente exercée par une personne sur une autre dans le but de satisfaire une pulsion sexuelle. L'outrage public à la pudeur désigne un comportement contraire à la décence, exercé en public.

Indifférente aux critiques et aux quolibets qu'elle reçoit quant à sa conception de la morale sexuelle, l'Église catholique demeure ferme sur ses enseignements :

« La pureté demande la pudeur, partie intégrante de la tempérance. La pudeur préserve l'intimité de la personne. Elle désigne le refus de montrer ce qui doit rester caché. Elle est ordonnée à la chasteté dont elle atteste la délicatesse. Elle guide les regards et les gestes conformes à la dignité des personnes et de leur union [1]. Elle protège le mystère des personnes et de leur amour. Elle invite à la patience et à la modération dans la relation amoureuse. La pudeur est modestie. Elle inspire le choix du vêtement, maintient le silence ou la réserve là où transparaît le risque d'une curiosité malsaine. Elle se fait discrétion [2]. » « Elle inspire une manière de vivre qui permet de résister aux sollicitations de la mode et à la pression des idéologies dominantes [3]. » « Elle reste le pressentiment d'une dignité spirituelle propre à l'homme. Enseigner la pudeur à des enfants, des adolescents, c'est éveiller au respect de la personne humaine [4]. » « Ce qui est appelé permissivité des mœurs repose sur une conception erronée de la liberté humaine, qui a besoin de la loi morale [5]. »

Dialogue

JJA — Nous vivons dans un siècle d'impudeur. En parler fait ricaner, au mieux sourire, comme si dénoncer l'impudeur c'était menacer une liberté essentielle, celle de se montrer, et d'abord de montrer son corps.

1. *Catéchisme..., op. cit.,* art. 2521.
2. *Ibidem,* art. 2522.
3. *Ibidem,* art. 2523.
4. *Ibidem,* art. 2524.
5. *Ibidem,* art. 2526.

Être à peu près nu, et « nue au soleil », chantait une célèbre actrice, ce serait être affranchi des tabous, être « moderne ». Beaucoup rêvent de « naturisme », voire de « nudisme », et peut-être se réfèrent-ils inconsciemment au mythe du Paradis terrestre, avant la faute, quand Adam et Eve vivaient nus dans un état d'innocence.

JG — Par nu il faut entendre tout ce qui n'est pas retravaillé par l'esprit ou présenté sous un voile. Paradoxalement, la pudeur n'apparaît jamais mieux que dans l'être privé du vêtement et qui a peur d'un regard. Certaines statues de femmes ou de déesses nues, certains modèles, indiquent l'attitude de la pudeur, alors que rien n'est moins pudique que ces modes qui parlent aux sens par la dissimulation.

JJA — Mais au fond, pourquoi la pudeur ? Pourquoi Adam et Eve, après avoir commis le péché, qui n'était nullement un péché de chair, mais de désobéissance et d'orgueil, se virent-ils nus et eurent-ils honte de leur sexe, qu'ils cachèrent ?

JG — Ils avaient perdu l'innocence. Malgré la mise en garde divine, ils voulurent connaître prématurément le secret du bien et du mal. La nature a créé des germes. Ils sont en repos, en solitude, en sûreté. Ils doivent être parachevés avec lenteur. Recélant les essences les plus pures, ils doivent éviter un contact prématuré. C'est pourquoi la nature dispose, autour des germes, des enveloppes, des téguments, des délais, des retards, des réseaux protecteurs. La pudeur garde l'esprit, qui irait trop vite, qui jouirait trop tôt si on le laissait faire. Quand elle s'appelle modestie, mesure, modération, la pudeur protège l'être moral contre le vertige de se regarder vivre ou jouir de soi immodérément.

JJA — En fait, elle permet le juste, le bel épanouissement de la jouissance. Le *bien* jouir.

JG — Le bien *user*, plutôt, des choses des sens. Ici, Joubert a un mot superbe : « La pudeur met en nous quelque chose d'incorruptible, qui permet d'aimer sans cesse. »

JJA — C'est beau cet amour, qui grâce à la pudeur, à la mesure, durerait sans cesse, resterait à l'abri de la vulgarité, de la durée, de l'habitude et de la corruption, cette rouille de l'âme. Mais les temps ne sont plus à la pudeur !

JG — Nous rêvons aux antipodes du temps présent, où rien n'est jamais voilé, rien n'est réservé pour l'avenir, ou lentement accru, sauvé pour l'intimité. Tout est immédiatement projeté avec violence devant le regard, sans croissance, sans efflorescence, sans maturation.

JJA — Et pas seulement l'amour charnel, présenté sur nos écrans et dans les magazines sans le moindre respect des êtres et du regard des autres ; la souffrance, aussi, et même la mort, que ce soit celle d'un homme public ou d'une personne anonyme. Ce voyeurisme en direct à la télévision ! Que s'est-il donc passé ?

JG — Nous avons perdu ce sens si long à acquérir : sens du mystère et de l'initiation, si nécessaire pour tout ce qui touche à l'intime profondeur : la souffrance et le plaisir ; la vie et la mort, le sexe dans l'amour. Sens de la confidence, de la vie privée, de l'écriture intime ; horreur de paraître trop tôt ; sens du silence enveloppant les paroles.

JJA — Sens du mystère, disiez-vous ?

JG — Novalis soulignait que le secret de tout est de porter les faits à l'état de mystère.

JJA — Même l'amour ?

JG — Surtout l'amour, ce fruit délicat de la rencontre hasardeuse d'un homme et d'une femme ; l'amour, ce hasard auquel leur cœur a cru !

JJA — On peut s'interroger naïvement, rêver. La pudeur reviendra-t-elle en Occident ? Non pas à la manière contraignante imposée à la femme par certaines dictatures musulmanes, mais librement, comme un art, une manière harmonieuse de vivre ?

JG — Je l'espère et je le crois. Quel siècle plus impudique que le nôtre ! Jamais d'intimité, d'initiation, de mystère. Jamais de silence autour de la parole. Résultat : nous serons bientôt dégoûtés de l'impudeur. Elle dissipe la beauté, comme le savaient les Orientaux, qui ont inventé la draperie, les plis, les voiles. Demain, la mode retrouvera la robe et la voilette ; nous redécouvrirons le vêtement, le retard, le mystère, l'attente et le silence.

JJA — Sur quoi appuyez-vous cet espoir ?

JG — Je vous l'ai dit : sur la nature. On ne peut impunément la violer. La pudeur n'est pas une mode, une invention artificielle. Elle a une fonction biologique essentielle pour assurer l'harmonie de l'âme et du corps, de l'esprit avec la chair.

JJA — Vous parliez du délai, cet adjuvant incomparable de l'amour.

JG — La nature nous protège d'une explosion trop brusque (soit de la douleur, soit du plaisir) par le délai. Elle nous empêche de nous précipiter, de faire tout, tout de suite. Elle met un intervalle entre le désir et le plaisir. Dans l'espace, c'est la distance. Dans le temps il se nomme délai, retard, attente, espoir. En somme, la pudeur est l'organe de la maturation. Nous voudrions jouir et mourir ! La pudeur nous apprend à mûrir et à vivre. Elle nous aide à ne retenir dans nos passions que les affections, et dans nos affections que leur essence. Elle nous permet de ne jamais cesser d'aimer ceux que nous aimons, même après leur disparition. La pudeur, dit encore Joubert, « met le germe en repos, en solitude, en sûreté et le fait tout à coup éclore ». Ainsi s'est formé l'univers.

Respect

Mots associés : égards, considération, charité, amitié, vénération, déférence. *Antonymes* : mépris, impertinence, insolence.

Citations : « L'âme aristocratique a le respect de soi. » (Nietzsche, *Zarathoustra*.) « On respecte un homme qui se respecte lui-même. » (Balzac, *Sur Catherine de Medicis*.)

Définition : du latin *respectus* : regarder en arrière. Attitude qui consiste à ne pas porter atteinte à une cause, à quelqu'un ou à quelque chose : le respect du bien d'autrui, de la liberté, de la vérité, des lois, de la morale, de la mémoire, des traditions, des convenances, du silence, de la vie, de la nature. Sentiment altruiste qui porte à traiter quelqu'un avec déférence, pour des motifs divers : l'âge, le sexe, la fonction familiale ou sociale, le mérite, l'intérêt, ou encore expression délicate de l'amour envers les pauvres et les souffrants. « Tu as du prix pour moi et je t'aime. » (Isaïe.)

« Le respect, a écrit V. Jankélévitch, est l'intermédiaire entre le comportement vide de la tolérance et la positivité toute gracieuse de l'amour ; entre l'observance cérémonielle et la charité. C'est la reconnaissance du mystère personnel et de son ineffable intimité[1]. »

Il faut dire que le monde moderne et la science ne cessent de violer ce respect par une curiosité indiscrète, parfois sacrilège et malsaine : presse à scandale, autopsies et interrogatoires à dessein de justice, psychanalyse. Le respect, c'est d'abord celui de la part secrète de nous-même qui doit rester privée, premier degré de la liberté.

Dans les rapports entre l'homme et la femme, le respect avait autrefois un rôle capital, qu'il a perdu aujourd'hui. On voudrait dédier aux jeunes de l'an 2000 ce passage significatif de V. Jankélévitch.

« Le respect impliquant la distance n'est pas tant amour qu'ébauche du geste amoureux, élan arrêté et à tout moment inhibé. Le respect voudrait aimer, mais il ne le peut, ou plutôt ne l'ose. Il voudrait coïncider avec l'objet et se perdre en lui, mais une invisible barrière les sépare, et la timidité[2]. »

Dialogue

JJA — On a l'impression que les nouvelles générations considèrent le respect comme une entrave à la liberté et surtout comme une sorte d'échec masqué. Et pourtant, « il tend vers l'extrême conscience de l'amour, a dit Jankélévitch. Le respect s'agenouille devant la chose respectée, non pour la contempler comme spectacle, mais pour l'adorer comme mystère[3]. »

1. V. Jankélévitch, *op. cit.*, p. 772.
2. *Ibidem*, p. 774.
3. *Ibidem*, p. 775.

JG — Ce mot « adorer » nous introduit dans le mystère de la dimension spirituelle. Même dans les lieux saints on a perdu le respect révérenciel que l'on témoignait jadis à tout ce qui nous parlait de la transcendance. Il faut y voir les conséquences de la désacralisation qui afflige notre civilisation adoratrice de l'objet et de l'argent, jugés seuls dignes de respect.

JJA — Heureusement, dit encore V. Jankélévitch, « le respect ne se tarit pas, mais à l'infini il se spiritualise. De même que l'horizon de la liberté recule indéfiniment au-delà de toute servitude, ainsi le respect soustrait sans cesse le saint des saints de l'insaisissable aux progrès de la désacralisation [1] ».

JG — Le respect se perd, c'est le moins que l'on puisse dire !

JJA — Respect vis-à-vis de l'autorité en place : civile, militaire, familiale, religieuse, professorale. Et ce grand respect qui faisait la force des sociétés grecque et romaine, le respect dû à l'âge. Je vous vois sourire, Jean Guitton !

JG — C'est un fait : la jeunesse ne reconnaît plus l'autorité due à l'âge. Quand je dis à un jeune qu'il doit me respecter parce que j'ai quatre-vingt-dix-sept ans, cela le fait rire. Et je vois bien ce qu'il pense. À mon âge, on est bon pour le tombeau !

JJA — Jadis, l'autorité du vieillard était naturelle. Elle allait de soi. Dans la famille, le patriarche avait raison, du fait même de son âge, de l'expérience acquise et de cette sagesse que donnent les épreuves surmontées. Le respect en découlait. Cependant, il me semble entrevoir un retour des jeunes vers le grand

1. V. Jankélévitch, *op. cit.*, p. 773.

âge, comme on le voit chez les petits frères des Pauvres, et cela s'appelle l'amour.

JG — Encore faut-il en être digne. Que le grand âge garde conscience de son rôle de sagesse et d'exemple ; de sa dignité devant la souffrance et devant la mort, ces mystères.

JJA — Et il n'y a pas que le grand âge. Tout ce qui vit doit être respecté. Tout ce qui existe, sauf le mal. Selon la belle formule d'une *Upanishad* : « Dieu pèse dans la pierre, pousse dans la plante, respire dans l'animal, aime dans l'homme. » Et ce n'est pas s'écarter de notre sujet que de le souligner. Le respect est la première condition de l'amour.

La réaction négative des jeunes pourrait s'expliquer par la crainte de verrouiller l'avenir si l'on s'en tenait aux seules valeurs du passé. On le voit dans les milieux scientifiques, et notamment dans celui de la recherche biologique. Un problème nouveau se pose : où doit s'arrêter l'œil irrespectueux de la science au nom du progrès ? Que penser de la réaction de l'Unesco contre les manipulations génétiques, et de celle du président de la République à propos du clonage humain ? Doit-on respecter aveuglément les fondements de la vie ?

JG — C'est un problème d'éthique, difficile.

JJA — Incontournable. Au point où en est l'humanité, qui se prend progressivement en charge, qui intervient pour empêcher la mort, ou pour la retarder, qui entrave les processus millénaires de sélection naturelle, on ne peut plus arrêter la recherche. Si on permet à une femme de plus cinquante ans d'avoir artificiellement un enfant au nom de sa liberté d'enfanter, on doit parallèlement rechercher par la génétique tout ce qui lui permet d'éviter de mettre au monde un enfant déficient.

JG — Ce n'est pas une raison pour faire n'importe quoi.

JJA — Mais alors, où est la limite de la recherche ? Où commence et où finit le respect ?

JG — Dans toute recherche qui risque de bouleverser la vie, on doit se hâter lentement. Peser le pour et le contre. Consulter les sages en toutes spécialités, les autorités spirituelles et morales. Faire passer le bien commun avant l'intérêt particulier de tel ou tel laboratoire ou groupe de recherche au nom de la liberté.

JJA — Encore faut-il avoir une idée claire du « bien commun ». Que proposez-vous ?

JG — La raison d'être ultime de la biosphère et de la cosmogenèse, c'est de produire, sur un point peut-être solitaire, la Terre, une espèce pensante capable du vrai bonheur, à la fois temporel et éternel. Je pense que la destinée du cosmos et des mondes est de produire des sur-êtres, c'est-à-dire, par un mécanisme où entre un hasard téléguidé, des êtres capables de comprendre et d'aimer, de s'unir entre eux dans la liberté, et de s'unir à Dieu.

JJA — Bergson, en effet, a dit : « La fonction essentielle de l'univers est une machine à faire des dieux [1]. »

JG — Et c'est dans ce mystère ineffable que s'insère cette vertu discrète : « Respecter dans chacun l'homme, a dit H.F. Amiel, sinon celui qu'il est, au moins celui qu'il pourrait être, qu'il devrait être. » C'est là où le respect rejoint l'ineffable Mystère.

1. H. Bergson, *Les deux sources de la morale et de la religion*, Alcan 1937, p. 343.

Sagesse

Mots associés : intelligence, raison, prudence, modération, retenue, bon sens, bonne conduite, discernement. *Antonymes* : ignorance, imprudence, folie.

Citations : « La sagesse donne au sage plus de force que dix chefs de guerre réunis. » (*Ecclésiaste*, 7, 9.) « La jeunesse est le temps d'étudier la sagesse ; la vieillesse est le temps de la pratiquer. » (J.J. Rousseau, *Rêveries d'un promeneur solitaire*.) « Les charpentiers tournent le bois ; le sage se façonne lui-même. » (Bouddha, *Dhammapada*.) « L'homme libre est celui qui vit sous la seule conduite de la raison. » (Spinoza, *L'Éthique*.) « La raison fait des philosophes et la gloire fait des héros. La seule vertu fait des sages. » (Vauvenargues, *Réflexions*.) « La sagesse est le commencement du beau. » (J. Joubert, *Carnets*.)

Définition : Du latin *sapientia*. Connaissance des choses, naturelle ou acquise. Ce qui est conforme aux règles de la raison et de la morale. C'est le contraire de la folie. Mais la sagesse n'est la vertu de la raison qu'à condition d'y intégrer le rêve.

Au plan de la vie quotidienne, la sagesse implique de « prendre les choses comme elles sont et de les employer comme les circonstances le permettent », disait Jacques de Lacretelle. La déconsidération de cette vertu chez certains exaltés ou révoltés vient de ce que la sagesse frôle parfois la froideur et limite les excès de la liberté. Mais la véritable sagesse tient justement dans l'équilibre entre la passion, qui est le moteur, et la règle rigide, qui est le frein.

Enfin, toujours humble, le sage est « celui qui trouve quelque chose à apprendre de chacun ». (Mishna.)

En théologie, la sagesse s'appuie sur le discernement de l'ordre surnaturel, puisque Dieu seul est absolument sage. Le don de sagesse est l'un des sept dons de l'Esprit-Saint. « La crainte de Dieu est le commencement de la sagesse », dit l'Ancien Testament. Dans *Le Livre de la sagesse*, le roi Salomon donne cette vertu comme la source du bonheur sur cette terre et gage de l'immortalité. « Comme la sagesse est une, elle peut tout. Et tout en demeurant tranquille en elle-même, elle renouvelle toutes choses. »

Très proche de la sagesse, *la raison* est notre privilège d'homme. Elle permet de connaître, de discerner et de juger. Elle devrait être la règle de nos actions. Mais la raison triomphe rarement des passions. C'est pourquoi il ne faut pas la séparer de la conscience morale. Il faut aussi l'enrichir et l'assouplir par l'expérience, qui donne le bon sens. Cependant, on l'a compris, la sagesse humaine est très relative. Il ne faut pas chercher ailleurs la cause des malheurs, individuels et collectifs.

Dialogue

JJA — Pourquoi y a-t-il si peu de sages ?

JG — Retournons la question : pourquoi semble-t-il y avoir plus de sagesse dans une société d'insectes, comme les fourmis ou les abeilles, que dans une société humaine ? Parce que le but mystérieux de la vie n'est pas la stabilité, mais la recherche.

JJA — Je comprends. L'échec engendre la recherche, qui permet à l'homme, tête chercheuse du vivant, d'évoluer et de passer à un stade supérieur.

JG — C'est cela. Mais la sagesse demeure nécessaire pour organiser cet acquis. La sagesse, c'est donc la recherche d'une méthode de vie et d'action, la construction de soi par la mise en œuvre des vertus : la justice, la prudence, la force et la tempérance ; la foi, l'espérance et la charité, donnant accès aux trois « vertus » selon Platon : le beau, le bien, le vrai. Mais le sage est d'abord « l'éveillé » : celui qui s'étonne de tout, qui jouit de tout, ici et maintenant. Pour cela, il faut maîtriser le temps : le trouver, l'arrêter, le savourer.

JJA — Vous parliez d'arrêter le temps, c'est-à-dire l'action ?

JG — La vie s'en charge à notre place ! Que de vide dans notre vie ! Ce mal de tête, ces maladies, ces impuissances, enfin ce sommeil qui vient ensevelir une journée lasse ! Or ils nous sont donnés, ces moments obscurs et réfractaires, pour nous permettre d'incarner la sagesse en arrêtant le temps.

JJA — J'aime cette proposition révolutionnaire, qui me rappelle ce mot d'Eschyle : « Il est bon d'apprendre à être sage à l'école de la douleur. » J'ai toujours été frappé par ceci : dans l'épreuve, dans l'échec, je m'arrête, la souffrance contraint mon ego à s'effacer. Un ange passe et la sagesse m'effleure de son aile. C'est un moment de pur bonheur. Je deviens presque intelligent. C'est alors que l'ego se récupère, et je repars, mieux préparé pour l'action, qui n'est plus *être*, mais *avoir.* On obtient ainsi cette alternance action/réflexion, dont vous disiez qu'elle est le moteur de l'évolution.

JG — Dans ma longue vie, j'ai connu un certain nombre d'épreuves, comme le fait d'être prisonnier de guerre ; ou d'accident, de santé par exemple. Je les ai utilisés ainsi : je médite sur l'accident de manière à lui enlever son caractère accidentel et à l'intégrer dans l'histoire universelle. Il faut enlever à l'accident son caractère néfaste et provocateur. Tout accident a un côté positif.

JJA — Même la mort ?

JG — Surtout la mort ! Autrement dit, je m'efforce à prendre un bon parti des choses apparemment mauvaises.

JJA — Beaucoup de gens n'ont même pas d'« accidents » pour les éveiller. Pour eux, en quoi pourrait consister la sagesse ?

JG — Même en ne faisant rien, en se bornant à être ce que l'on est, on peut faire encore. « Être debout et attendre », disait le vieux Milton aveugle.

JJA — Pascal affirmait que « tout le malheur des hommes vient de ce qu'ils ne savent pas rester en paix dans une chambre ». Encore faut-il acquérir cette paix, cette sagesse ! Accéder à cette profondeur.

JG — C'est l'accident qui donne la sagesse. D'où le privilège de l'âge, si on sait le saisir. La sagesse, pour tous, c'est connaître et accepter ses limites. Que d'efforts sont perdus par l'idée d'une fausse grandeur, par la recherche d'une perfection qui n'est pas à notre mesure ! Certes, il convient d'agrandir sans cesse son esprit, son horizon, son courage, mais tout en s'appliquant à des tâches précises et par conséquent modestes, tout en acceptant les lacunes nécessaires et les défaillances. Il est bon de ne pas se faire d'illusion sur soi, d'apercevoir ses ombres, ses recoins, comme l'on ferait d'une vieille maison reçue par héritage. Les limites font partie des choses mêmes, comme les cicatrices font partie du corps.

JJA — Cette vertu d'humilité est la plus difficile à acquérir.

JG — Mais quel repos, quel contentement, quelle douceur d'appréciation résulte de l'acte par lequel on s'accepte enfin tel qu'on est ! Avec des hauteurs et des vallons, ni meilleur ni pire, ayant la joie de se connaître et de pouvoir ajouter quelques compléments à son être. Joyeux, jouissant de soi-même, satisfait d'être précisément ce qu'on est et d'avoir ce qu'on a. Sans cette sagesse élémentaire, cette modestie, les grandeurs sont illusoires et font souffrir.

JJA — « Le sage poursuit l'absence de douleur et non le plaisir », a dit Aristote, reprenant l'idée de base du Bouddha. Cette sagesse négative ne m'enchante pas. Avez-vous quelques conseils pratiques plus positifs ?

JG — « Ferme les yeux et tu verras », dit le sage. Penser, se posséder soi-même, avoir ses plans et attendre l'heure, respirer profondément, travailler pendant qu'on a la lumière, être assuré de la fidélité de ceux auxquels nous ont unis le cœur et l'habitude, savoir qu'on tiendra ses promesses et qu'on sera fidèle aux siens, se sentir comme enraciné sur un terroir, dans un axe imperturbable, miroir cependant ouvert à tout, capable au besoin de refléter l'univers, ce sont là des satisfactions possibles à chacun. Celui qui est ainsi assuré, il n'a plus qu'à se prêter aux appels, comme la plante, lourde de graines, se prête au vent. Les circonstances viendront d'elles-mêmes. Les graines s'envoleront. L'œuvre, qu'elle soit de pensée ou d'action, naîtra de cette surabondance.

JJA — À vos yeux, quel est l'homme qui a le plus incarné la sagesse au XXe siècle ?

JG — Le bon pape Jean XXIII. La parole était chez lui un épanchement tranquille. On avait l'impression de ne pas être proprement écouté et cependant absolument compris. Sa vertu était la familiarité, celle dont Vauvenargues a dit : « Ce n'est que dans un commerce libre et ingénu que l'on peut connaître les hommes. » Angelo Roncalli recherchait ce contact. Il avait besoin de cet abandon à l'autre pour être lui-même et pour se donner à Dieu. Il trouvait dans cette détente familière l'occasion et l'exercice de la grandeur. Il savait se mettre en état de recueillement et de disponibilité. Les idées profondes qui l'habitaient lui étaient proposées soudain comme du dehors. Il était de ces esprits prompts et dociles qui ont besoin de l'imprévu.

JJA — Se souvenait-il de ses origines paysannes ?

JG — Oui. Il s'y référait. Et pourtant, lorsqu'il fut élu pape, il se sentit épanoui, agile, docile à l'Esprit et tout à fait à son aise, heureux d'*être*, d'être pape, *d'être là*, comme s'il n'avait rien fait d'autre toute sa vie.

JJA — Avait-il une méthode de sagesse ?

JG — Il parlait volontiers de ses méthodes sans méthodes qui consistent à n'avoir pas de manière d'être, mais à *être*, tout simplement. Il pratiquait une philosophie du moment présent, sans crainte, mettant toute sa confiance en Dieu. Il avait des axes, plus que des pensées précises, un grand élan plus que des volontés particulières. Comme les artistes, il se laissait guider par l'œuvre en train de se faire, la regardant dans ses ébauches pour en recevoir un conseil. Il imitait en somme sans le savoir ce jeu de la sagesse éternelle décrite au *Livre des proverbes*, qui joue dans l'orbe des terres et se délecte de vivre avec les enfants des hommes. Il ne s'inquiétait pas de l'avenir. La lumière engendre la lumière. La voie suivie conseille la voie que l'on doit suivre encore. La vie précède la vérité. Il était de la lignée de Socrate et de Montaigne, portée jusqu'à l'humilité.

JJA — On ne dira jamais assez que l'humilité est l'une des bases de la sagesse.

JG — Comme Socrate, il semblait vous dire : « Je ne sais qu'une chose, c'est que je ne sais rien. » Il disait n'avoir pas de spécialité, n'être pas « théologien ». Il devait penser qu'il y a quelque chose de plus haut que l'exercice de l'intelligence : le bon sens, la simplicité de l'être, le sens des conditions humaines.

JJA — La sagesse. Mgr Roncalli a été élu pape à soixante-dix-sept ans. La sagesse serait-elle une vertu du grand âge ?

JG — Elle peut croître avec l'âge et cette croissance fait le prix de la vieillesse, âge si mal nommé, et qui devrait être, pour l'esprit, un âge non pas de déclin mais de récapitulation, qui goûterait les joies des âges antécédents. Sans oublier ce mot de Bossuet, pour qui « être sage c'est apprendre à se taire ». Ce qui permet d'écouter.

JJA — Ce type de sagesse intérieure implique un mélange harmonieux de sensibilité et de détachement. J.J. Rousseau disait : « Sois sensible mais sois sage. Si tu n'es que l'un des deux, tu n'es rien. »

JG — Oui. Et puis, il y a un moment, dans l'extrême

vieillesse, où il faut choisir de ne plus savoir, de ne plus faire, de ne plus accueillir, jusqu'au jour où il faudra accepter d'être un corps étendu, puis d'être soi-même éternellement changé. On goûtera alors la suprême Sagesse.

Silence

Mots associés : méditation, humilité, paix, intériorité, sérénité, vacuité, introversion. *Antonymes* : bavardage, jactance, extraversion.

Citations : « Le silence est une sagesse. » (Kierkegaard.) « Qui vous apprendra le silence, la seule sagesse qui vous convienne ? » (*Livre* de Job.) « Toutes les fois que vous voudrez parler, taisez-vous. » (Turenne.) « Seul le silence est grand, tout le reste est faiblesse. » (A. de Vigny, *Les destinées*.) « Le silence, splendeur des forts, refuge des faibles. » (C. de Gaulle, *Le fil de l'épée*.)

Définition : Du latin *silentium*. Absence de bruit. État d'une personne qui se tait, qui « garde le silence ». Au sens figuré, qui cache ses intentions, ses sentiments, ou qui se dispense de faire connaître sa pensée. On dit aussi « le silence des passions » pour évoquer la paix intérieure. Acceptation. Souffrir en silence.

Qu'il s'agisse du comportement (faire ou non du bruit) ou d'une manière d'extérioriser sa pensée, être ou non silencieux révèle un caractère. Celui qui n'est pas gêné par le bruit est tenté d'en faire, car le silence le trouble. Il n'est que d'entendre ceux qui parlent de « ville morte » au constat que tout s'apaise après vingt heures.

Certes, le silence total est incompatible avec la vie.

Il suffit d'écouter les bruits de la forêt, la nuit, pour s'en convaincre. Cependant, faire du bruit sans motif valable, sinon pour le plaisir, révèle une absence inquiétante d'altruisme. C'est pourquoi on s'efforcera de réduire ses propres bruits susceptibles d'importuner le voisinage, de jour comme de nuit. Se poser seulement la question, c'est faire preuve de responsabilité. Agir, c'est faire preuve de cet altruisme sans lequel la vie en société n'est pas tenable.

Dans le domaine de la pensée, le silence est indispensable. Il permet la concentration, le recueillement propre à la réflexion. « Le silence est un hommage que la parole rend à l'esprit », a dit Louis Lavelle. Au plan psychologique, la parole est nécessaire : elle libère. F. Dolto disait : « Rien n'est si grave si on en parle. »

Pour le mystique à la découverte de l'absolu, le silence est la voie royale. « Là où le son du silence se fait entendre est la méditation au-delà de l'objet », écrit K. Dürkheim. « Seule l'oreille libérée de tous les sons peut entendre le Son par delà tous les sons. » Lorsque le méditant devient transparent à sa propre chair, à sa réalité matérielle, alors « le silence fait son entrée. Un silence qui est plus qu'une absence de bruit. Un silence qui parle et où l'être s'exprime de manière immédiate[1] ».

Fruit de notre époque bruyante et bavarde, « le silence de Dieu », auquel l'homme, assourdi par ses propres bruits, répond par un rejet de la Transcendance, par l'athéisme. Grâce au silence, l'homme plonge en lui-même et découvre son essence spirituelle qui le fonde. Il se découvre ainsi en accord avec son silencieux Créateur. Car entendre le silence, c'est voir l'invisible. Cela relève d'une autre dimension, d'un

1. K. Dürckheim, *Le Son du silence*, Le Cerf 1989.

autre voyage. Il n'y a pas de plus grande aventure ici-bas. Faute d'être capable de l'atteindre, on peut en rêver. En silencc.

Dialogue

JJA — Il y a une contradiction dans le silence. D'une part, c'est une vertu fondatrice qui permet de descendre en soi pour y entendre l'essentiel, la voix discrète du maître intérieur. C'est pourquoi « le grand silence » est de règle dans les monastères. D'autre part, on pense aux prophètes de l'Ancien Testament qui clamaient la conversion au milieu des foules, et à ce mot de Pascal : « Jamais les saints ne se sont tus. »

JG — Vous avez dit le mot : le silence est *fondateur.* Il permet à la conscience de recevoir le message des dieux ; à l'idée de se façonner, au projet de mûrir. « Chaque atome de silence est la chance d'un fruit mûr », a dit Paul Valéry. Ensuite, que celui qui croit avoir quelque chose à dire le dise ! La parole émerge alors d'un silence obstiné. La flèche part de la corde tendue. Un mot d'Aldous Huxley exprime cela : « Le silence est aussi plein de sagesse et d'esprit en puissance que le marbre non taillé est riche en sculpture. » Ce qui est sûr : le silence, âme de toute parole, a toujours été considéré par les sages comme le bien le plus précieux. Les anciens en firent même une divinité : l'Harpocrate des Grecs, la Tacita des Romains, d'où le mot « taciturne ».

JJA — Comme disent les Suisses, le taciturne est « taiseux » de nature. Il faut d'abord se taire pour entendre. Le silence est comme l'ombre de la voix. Il façonne la lumière de la parole qui n'est pas encore. Apprendre à se taire, c'est un art ! Mon père me conseillait : « Ce que tu dis, tu le sais déjà. Il vaut mieux te taire et écouter. » On n'en sera que plus agréable à ses semblables. Malheureusement, ceux qui se taisent sont souvent ceux dont la parole nous serait utile. Les autres sont des bavards. Montherlant a eu ce mot cruel : « Tant de choses ne valent pas d'être dites. Et tant de gens ne valent pas que les autres choses leur soient dites. » Ce qui fait beaucoup de silence ! Alors, faut-il se taire ?

JG — Il faut parler à bon escient. Merleau-Ponty a eu ce mot qui enchantera les « gens de lettres » : « En brisant le silence, le langage réalise ce que le silence voulait et n'obtenait pas. »

JJA — L'écriture aussi, ce langage silencieux. Je persiste à croire que ce qui manque le plus à ce monde bruyant de machines et bavard de paroles inutiles, c'est le silence.

JG — Le silence et la solitude. Mais ce n'est pas nouveau. Patrice de La Tour du Pin, ce poète inspiré avec lequel j'ai connu la captivité en Allemagne, disait que ce dont il souffrait alors le plus, c'était le manque de solitude et de silence. Je le ressentais aussi dans l'*oflag*. Ah ! si j'avais seulement une petite cellule de moine ! Je me rappelle qu'étant malade, pendant que les camarades allaient à l'appel, j'éprouvais un sentiment extraordinaire de délivrance. Dix minutes de silence ! Un oiseau chantait ; j'entendais cet oiseau chanter !

JJA — Moi, je crois entendre chanter Saint-Exupéry : « L'espace de l'esprit, là où il peut ouvrir ses ailes, c'est le silence. »

Simplicité

Mots associés : bonhomie, ingénuité, candeur, esprit d'enfance. Austérité, dépouillement, détachement, économie, modestie, sérénité. *Antonymes* : faste, complication, affectation, snobisme.

Citations : « Il n'y a nulle si bonne et désirable finesse que la simplicité. » (Saint François de Sales, *Introduction à la vie dévote*.) « Le langage de la vérité est simple. » (Sénèque, *Lettres*.) « Soyez simple avec art. » (Boileau, *l'Art poétique*.) « La simplicité est le comble de l'art, son dernier effort. » (S. de Sacy.)

Définition : Du latin *simplicitas*. Caractère de ce qui est dépouillé, facile, aisé, naturel, dépourvu de complication, de recherche, de déguisement, de malice, d'intentions secrètes ou détournées. Vertu de celui qui évite le faste, l'affectation. À la limite, naïveté, ingénuité. Simplicité de l'enfance. Dans une âme d'élite, la simplicité naturelle est la marque de l'élévation des sentiments.

Dialogue

JJA — Comment définir la simplicité ? N'est-ce pas une tentative illusoire ? Comme dit Paul Reverdy, « ce n'est pas si simple que d'être simple ». Et Roland Dorgelès, au sujet de l'écrivain : « Le plus difficile c'est de faire simple. » Quand à Paul Valéry, il constatait sombrement : « Ce qui est simple est toujours faux, ce qui ne l'est pas est inutilisable. »

JG — Goethe avait l'intuition d'une simplicité fondamentale, mais il concluait : « En même temps tout est *enchevêtré*. »

JJA — Voilà le mot-clé. Notre corps et notre esprit sont d'une effroyable complexité. Qu'elle émane de nos milliards de neurones, ou qu'elle soit seulement influencée par eux, la pensée est le fruit des sensations, des sentiments, des passions, des intuitions, des mémoires qui se télescopent comme la foule d'une grande ville à une heure d'affluence. Étant le fruit de millions d'années d'évolution, l'être humain devient de plus en plus compliqué. L'homme de Néanderthal était-il simple ?

JG — Rien n'est moins sûr ! Aujourd'hui, le « progrès » s'emballe et, comme vous le dites, tout devient de plus en plus compliqué. Par définition, la simplicité c'est le contraire de ce qui est compliqué, engendré chez nous par l'excès d'abondance. C'est pourquoi, aimant la simplicité, je redoute les excès d'abondance de ces temps de « super-marchés ». Je n'apprécie la richesse que si elle m'est donnée avec parcimonie. Je ne sais pas jouir de ce qui est excessif. Ceci pour la vie matérielle.

JJA — Et pour la vie de l'esprit ?

JG — Mon métier de philosophe enseignant m'a

obligé à ramener tout ce qui est compliqué dans l'esprit humain à plus de simplicité. La Vérité est simple par essence. Tout le problème est de s'y conformer, d'y adhérer.

JJA — Et pour la vie spirituelle ?

JG — C'est pareil. J'aime les spiritualités de raréfaction. Dans les églises, l'abondance des statues me gêne, m'irrite ; elle obstrue ma prière. C'est cette *simplicité* qui m'enchante dans les églises cisterciennes. Qu'il s'agisse de la pierre ou du bois, tout est dépouillé. Même les vitraux de verre blanc ou gris. Et pour les objets du culte et les vêtements liturgiques, « ni or, ni argent, ni dentelles », comme le demandait saint Bernard. J'aime le désert.

JJA — Celui du père de Foucauld, qui ne pouvait pas prier à Rome et recherchait au Hoggar le dépouillement des puissances, la splendeur du désert.

JG — « Splendeur de ce qui est simple ! » Ce mot est de Heidegger. Mais comme tout cela est difficile à dire, à définir ! La vraie question : la vie moderne, société de spectacle et de consommation, ne rend-elle pas plus difficile le dépouillement, le détachement, la modestie ? On peut dire avec Bergson que la solution de beaucoup des problèmes actuels serait le retour à la simplicité. Boire de l'eau au lieu de s'alcooliser, passer ses vacances à la campagne au lieu d'aller au bout du monde. Lire un bon livre au lieu de fréquenter les parcs d'attractions et autres lieux artificiels. En fait, la vraie simplicité est celle de l'esprit. C'est un constant dialogue, sans concession, que nous devons avoir avec nous-même. Pour moi, le modèle de la simplicité, c'est sainte Thérèse de Lisieux. Je vois chez elle deux sortes de simplicité, comme deux sortes d'enfance. La *simpli-*

cité d'indigence, l'enfance du départ dans la vie, qui n'est qu'une image du but. Et la *simplicité d'achèvement*, l'enfance impossible à atteindre, sorte d'aspiration de l'être mûr vers sa source. C'est cette simplicité profonde qui range Thérèse Martin parmi ces êtres révolutionnaires qui ont tiré de l'éternel trésor évangélique des voies et pour ainsi dire des vérités de vies nouvelles.

JJA — Non seulement sa vie, mais ses écrits et ses « dits » révèlent cette « simplicité d'achèvement » reliée à cet esprit d'enfance.

JG — À sa sœur Céline, Thérèse avait dit, à propos de la mort : « C'est comme si on était une goutte de rosée pompée par le soleil. »

JJA — Autre exemple de simplicité spirituelle : Jean XXIII, votre ami.

JG — Je crois encore l'entendre : « Ma méthode, c'est la simplicité, la bonté. » La règle de sa vie a été d'être soumis, sans jamais faire d'épate, sans aucune spécialité, surtout pas celle de la sainteté. Il prétendait ne rien savoir. Il ne voulait pas discuter, mais être comme tout le monde, garder en tout la simplicité de la lumière, en somme le bon sens, mais surnaturalisé. Pour lui, le travail, c'était avancer, mettre un pied devant l'autre. À propos du concile, son idée simple était qu'il fallait rajeunir l'Église, qu'on renonce à ce qui n'est pas essentiel, pour la purifier. Cette idée d'une réforme en vue de l'union de tous les chrétiens dans l'unité de l'Église et la simplicité du message évangélique fut l'étincelle géniale d'un homme simple et bon, plus mystique que politique, auquel je ne peux m'empêcher d'appliquer cette réflexion de Bergson : « Une exaltation calme de toutes ses facultés fait que l'âme du mystique voit grand et, si faible soit-elle, réalise puissamment. Surtout, *elle voit simple*, et cette simplicité, qui frappe aussi bien dans ses paroles que dans sa conduite, la guide à travers les complications qu'elle semble ne pas même apercevoir. »

JJA — Il n'est pourtant pas simple de gouverner l'Église.

JG — Pour ce pape, il suffisait d'être pourvu de concepts simples, d'avoir un bon sommeil, de se confier comme un enfant au Seigneur et d'être sans ambition et humble. Parfois, une idée le réveillait la nuit : « Tiens, il faudra que j'en parle au pape. » Et aussitôt : « Mais c'est toi le pape ! »

JJA — Est-ce que l'esprit de simplicité ne serait pas aussi un bon remède à la souffrance et aux malheurs des hommes ?

JG — Oui. Et qui sait si le malheur ne nous est pas donné pour nous inviter à la simplicité ? Lui seul en donne l'expérience, et celle de la vérité.

JJA — Être simple, fondamentalement, c'est s'abandonner. Lao Tseu disait : « Ne rien faire suffit à tout arranger. »

JG — Que de situations se sont en effet pour ainsi dire dénouées toutes seules, simplement par l'effet des usures, des circonstances nouvelles. Certaines choses, qui semblent impossibles aujourd'hui, deviendront possibles demain, parce que nécessaires. Ce dont nous nous étonnons sera la loi demain. Il nous suffit de durer, de laisser passer, de laisser mûrir, d'attendre la plénitude des temps en nous souvenant de *L'Ecclésiaste* : « Un âne vivant vaut mieux qu'un lion mort. » C'est cela, la simplicité.

JJA — Revenons à l'esprit d'enfance. Est-ce la clé

de la simplicité ? Je pense à ces paroles troublantes du Christ : « Laissez venir à moi les petits enfants, car c'est à eux qu'appartient le royaume des cieux. Si vous ne redevenez semblables à eux, vous n'y entrerez pas. » Que signifie « redevenir enfant » ?

JG — Aspirer à une innocence retrouvée, à une simplicité, une pureté reconquise à travers les souillures de l'adulte. En fait, la jeunesse perd rapidement la simplicité de l'enfance. Tout est joué à quinze ans. Nous naissons vieux ; il faut tâcher de mourir jeune.

JJA — Mais qui a réalisé cela ? Qui a su redevenir un enfant ?

JG — Picasso. Il disait : « Quand j'avais quinze ans, je peignais comme Raphaël. J'en ai quatre-vingts et je veux peindre comme un enfant. » Car, comme un enfant, le tableau doit promettre encore plus qu'il ne donne. Lacordaire, quant à lui, affirmait n'avoir pas vieilli : « Je n'ai pas vieilli, j'ai connu plusieurs jeunesses successives. » J'aime ce mot.

JJA — L'enfance est-elle l'âge du bonheur, comme on le dit communément ? Moi, je n'ai pas eu cette impression, à cause des méthodes trop rigides de l'enseignement.

JG — L'enfant ne jouit pas de son enfance. Lorsque l'adulte idéalise son enfance, il n'est pas dans la vérité. L'enfance est un rêve d'adulte.

JJA — L'enfant peut-il au moins nous apprendre quelque chose ?

JG — Heidegger m'avait dit : « Si vous voulez progresser, en philosophie comme en religion, faites-vous interroger par un enfant. Vous ne pourrez pas toujours lui répondre, mais il vous fera approcher de la vérité. Car le Vrai est toujours voilé. L'enfant ôte le voile. »

JJA — En fait, il pose des questions impossibles. Des questions simples mais si profondes que les adultes ne posent plus car personne ne peut y répondre.

JG — Mais les questions demeurent. Et les deux principales : comment ? pourquoi ?

JJA — Question d'adulte : comment garder l'esprit d'enfance ?

JG — Garder l'émerveillement devant les beautés de la création : le soleil qui se lève, l'oiseau qui chante, la fleur qui s'épanouit, l'amour confiant. Le petit enfant voit cela pour la première fois, c'est pourquoi il s'émerveille, il est heureux, il découvre. Il est simple. Il assiste au commencement du monde. Autre remarque : l'enfant sait s'évader par le rêve. Bienheureuse distraction !

JJA — Enfant, je rêvais en classe, la bouche ouverte. Le maître me réprimandait : « Ferme ta bouche, Jean-Jacques ; ton esprit va s'envoler ! » Toute la classe s'esclaffait. Moi, je prenais cette menace à la lettre et je souriais : « S'envoler ? Si c'était vrai ! »

JG — À qui saura cultiver son rêve, la distraction donnera du bonheur et peut-être du génie. Nous apprenons l'effort à l'enfant, il nous apprend l'acte d'abandon qu'on appelle la grâce. Nous lui révélons la complication de la civilisation et des rapports humains, il nous rappelle la simplicité des commencements. Nous lui donnons la règle, il nous donne la fantaisie et l'innocence. Nous lui imposons la gravité, il nous enseigne la gaieté et la joie.

JJA — Mais pourquoi est-il si difficile d'être simple ?

JG — Parce que l'être humain *n'est pas* simple. Chacun de nous recèle son opposé. Le saint cache souvent un pauvre pécheur ; le croyant recèle un douteur ; l'incroyant aspire en secret à une vérité transcendante.

JJA — Alors, *qui* est simple ?

JG — Dieu est simple dans sa totalité et dans sa perfection. C'est pourquoi nous tendons vers lui à travers notre complexité de créature imparfaite.

JJA — Cette complexité de l'esprit humain et le rapport ambigu de la chair et de l'esprit expliquent aussi nos divisions, nos querelles.

JG — Oui. Pour ma part, j'ai toujours aimé mes adversaires — ceux de bonne foi s'entend — car l'ennemi nous révèle parfois le meilleur de nous-même dont il est la moitié déchirée. C'est pourquoi, selon le mot de Lacordaire, je ne cherche pas à convaincre d'erreur mon adversaire mais à m'unir à lui dans une vérité plus haute. La voilà, la simplicité retrouvée !

JJA — D'où tenez-vous votre goût pour la simplicité ?

JG — Peut-être de ma première version latine, l'histoire d'un chat grec nommé Pias. On l'avait chassé de son île. À l'embarcadère, on lui avait demandé : « Alors, tu pars sans bagages ? » Il avait fièrement répondu : « *Omnia mea mecum porto*, je porte tout avec moi. » Et cela m'est resté. Ne jamais s'encombrer dans la vie : les bagages, les meubles, les bibelots, les souvenirs, les archives... Toute ma richesse tient dans ma tête et dans mon cœur.

JJA — À quatre-vingt-dix-sept ans, vous sentez-vous redevenu un enfant ?

JG — Oui. L'éducation première m'avait enfermé dans le didactisme. Ce n'était pas ma voie. Le grand âge m'a donné la liberté d'être moi-même, enfin ! Je vais vers l'enfance. Vers la naissance ! J'en reviens à cette idée d'enfance, image d'un pur bonheur, préfiguration de cet état de gloire où nous serons de nouveau comme des anges. La liturgie de l'enfance, c'est la liturgie de la préparation à la mort. Oui, en approchant de mon centenaire, je vais vers ma naissance !

Tempérance

Mots associés : Modération, mesure, sobriété, retenue, maîtrise. *Antonymes* : intempérance, avidité, débauche, relâchement.

Citation : « La tempérance est l'assaisonnement qui permet de savourer le plaisir en sa plus gracieuse douceur. » (Montaigne, *Essais*.) « Toute vertu est fondée sur la mesure. » (Sénèque, *Lettre à Lucilius*.) « Il y a une mesure en toute chose. » (Horace, *Satires*.)

Définition : Du latin *temperantia*, de *temperare*, tempérer, régler, garder la mesure. Être tempérant, c'est s'efforcer de résister à l'attrait des passions et des plaisirs, notamment sensuels, s'ils deviennent excessifs. De ce fait, elle donne l'équilibre dans l'usage des biens. Elle assure la maîtrise de la volonté sur les instincts et maintient les désirs dans les limites de l'honnêteté. Elle intervient pour modérer les excès de la chair, qu'il s'agisse de l'abus de nourriture, d'alcool, de tabac ou du sexe. La tempérance est l'art de réfréner convoitises et appétits. Elle concerne aussi l'argent et les honneurs. Elle permet le partage.

Vertu cardinale, condition incontournable de la santé, physique et morale, la tempérance est donc avant tout modération. C'est l'art d'user des biens de ce monde sans dommage pour soi et pour autrui. C'est une régulation volontaire des pulsions de la vie, « une saine affirmation de notre puissance d'exister », a dit Spinoza. Et pour Alain, « la vertu qui surmonte tous les genres d'ivresse ».

Car l'homme, partiellement libéré du carcan de l'instinct, n'est pas spontanément « raisonnable ». Il se laisse emporter par le désir, par le rêve et par la convoitise. L'intempérant prend son plaisir là où il ne faudrait pas, et en excès. Il dépasse la juste mesure. L'intempérance, dit Aristote, c'est aussi « l'affliction disproportionnée qu'on ressent quand on est privé de ce qui fait plaisir, quoiqu'il semble absurde d'éprouver de la peine pour un plaisir [1] ».

« Le tempérant, ajoute Aristote, garde une juste mesure, il ne recherche pas les voluptés interdites, il ne désire qu'avec modération, sans excès et non hors de propos les satisfactions agréables et susceptibles d'entretenir la santé. Il se comporte selon la raison, en vue du bien. »

Il est essentiellement maître de lui-même et domine ses désirs. Aristote souligne encore que la vertu de tempérance se forme dès l'enfance. Car « les enfants vivent dans un perpétuel état de désir. L'appétit du plaisir est très développé chez eux ». Si l'on ne rend pas vite l'enfant obéissant à des règles strictes de maîtrise de soi, sa recherche du plaisir deviendra insatiable, si bien que, devenu adulte, sa raison ne pourra contenir ses passions, auxquelles il se livrera avec excès.

1. Aristote, *Grande morale. Éthique de Nicomaque,* Garnier 1965, pp. 3 et 11.

Dialogue

JJA — Nous avons parlé de la simplicité et du détachement. Avec la tempérance, de quoi s'agit-il ?

JG — Le détachement et la simplicité sont les vertus d'une certaine élite. La tempérance est celle de tout le monde, c'est pourquoi on la classe parmi les vertus cardinales. Elle est d'abord une hygiène. Elle doit devenir une sagesse, pour déboucher sur le partage, fruit de l'amour.

JJA — La tempérance du pauvre n'est donc pas celle du riche. La tempérance du tiers monde est tout autre que celle du monde occidental.

JG — C'est évident. On ne peut pas se détacher de ce qu'on n'a pas. Mais il existe aussi une tempérance des pauvres, vis-à-vis du sexe, par exemple, et surtout des boissons alcoolisées, du tabac et autres drogues. Ce qu'on ne peut obtenir par l'argent, on tente de l'obtenir par le rêve, mais c'est un paradis artificiel et destructeur.

JJA — Il est difficile et presque indécent de prêcher la tempérance aux pauvres !

JG — La surabondance de l'Occident côtoie scandaleusement le dénuement du tiers monde, et même, à nos portes, dans certaines banlieues, monde des oubliés de la prospérité. C'est pourquoi le partage, qui implique la tempérance des riches, est nécessaire pour que ce monde survive et devienne fidèle aux valeurs qu'il a héritées des sages de la Grèce antique, du christianisme et de la République.

JJA — Cette idée du partage, liée à la tempérance, a été comprise par les églises. Toute privation que l'on s'impose au nom de l'hygiène ou du sacrifice doit profiter aux pauvres. On en est loin dans la pratique.

Celui qui est riche, et qui a bonne conscience puisque sa richesse vient de son travail ou d'un héritage, veut le rester et en profiter, en abuser, parfois.

JG — Aussi bien nous n'espérons pas, avec ce livre, amener les hommes à un partage aussi radical que celui de l'Évangile, qui est un chemin, un idéal à vivre pour certains, comme les moines, les moniales qui y ont été appelés. Pour le commun des mortels, il s'agit de passer à une autre dimension, que ce soit sur le plan politique ou humanitaire. Nous indiquons aussi les voies du bonheur vrai et durable. Que cherche l'homme ? Le plaisir. Les impôts, il en veut moins. Les sacrifices, il veut bien, à condition de les choisir. On ne sortira de ce dilemme qu'en accédant à d'autres valeurs que celles de la consommation : *être* plutôt qu'*avoir*. L'homme raisonnable ne refusera pas la tempérance et le partage si on lui apprend à être moins riche, mais aussi plus heureux, autrement.

JJA — C'est ce que dit A. Comte-Sponville dans son excellent *Petit traité* : « Il ne s'agit pas de ne pas jouir, ni de jouir le moins possible. Ce ne serait pas vertu mais tristesse ; non tempérance, mais ascétisme ; non modération, mais impuissance. Il ne s'agit pas de jouir moins, mais de jouir mieux. C'est le gage d'une jouissance plus pure et plus pleine. C'est un goût éclairé, maîtrisé, cultivé[1]. »

JG — Le plaisir n'est donc pas interdit, à condition d'en rester maître ; de ne pas en devenir l'esclave, comme les gavés, les débauchés, les drogués. Un plaisir est d'autant plus grand qu'il est plus pur, plus libre ; qu'il n'est pas imposé par un désir sauvage. Avant

1. A. Comte-Sponville, *op. cit.*, p. 52.

tout, ne pas subir. Ni dans un sens (la pauvreté, le manque), ni dans un autre (l'excès, la débauche).

JJA — Comment bien vivre de peu ? C'est pourtant la clé de l'indépendance, de la liberté, un système opposé au modèle de notre société de consommation, où une publicité abusive crée des besoins artificiels, aiguise nos désirs qu'on ne peut pas toujours satisfaire.

JG — La tempérance est une vertu qui relève de l'art de jouir. L'homme n'est pas, comme l'animal, soumis aux règles modératrices de ses instincts. Libre, il est tenté d'aller jusqu'au bout de ses désirs. Parce que l'homme pense, il est alors souvent captif de son imagination. Le plaisir tempéré libère du désir en donnant de la joie. C'est le plaisir du gourmet opposé à la satiété lourde du goinfre repu. L'amour courtois des cours médiévales, opposé à la basse pornographie des « érocenters » modernes. Pour maintenir son désir, il faut contenir son plaisir, règle d'or du bien manger : peu mais bon, en s'arrêtant avant la disparition de la faim. Il faut vivre « le cœur content de peu », a dit Lucrèce. C'était aussi le secret de François d'Assise : « Celui à qui la vie suffit, de quoi pourrait-il manquer ? » C'est dans la privation mesurée, volontaire, que nous savourerons enfin l'essence de ce que nous aimons.

Tolérance

Mots associés : indulgence, compréhension, respect, partage, fraternité, charité, bonté, bienveillance, œcuménisme. *Antonymes* : intolérance, fanatisme, dogmatisme, sectarisme.

Citations : « La tolérance est la charité de l'intelligence. » (Jules Lemaître.) « Elle implique simplement qu'on accepte que d'autres ne pensent pas comme vous, sans les haïr pour cela. » (P.H. Spaak.) « La tolérance est ce genre de sagesse qui surmonte le fanatisme, ce redoutable amour de la vérité. » (Alain, *Définitions*.) « La tolérance est une ascèse dans l'exercice du pouvoir. » (Paul Ricœur.)

Définition : Du latin *tolerare*, supporter. Respecter les différences d'autrui, et par là-même sa liberté.

Il faut distinguer trois types de tolérance :

1. Vis-à-vis des choses de la vie, au sein d'un même groupe. Tolérer les petits défauts des autres, leur caractère, leur manière de faire les choses autrement.

2. Vis-à-vis des étrangers : éviter de majorer la menace potentielle qu'ils représentent, invasion guerrière ou émigration, légale ou clandestine.

3. Vis-à-vis des convictions. À l'intérieur d'une même nation, tolérer les différences : culturelles, éthiques, politiques, religieuses.

La tolérance, ce n'est pourtant qu'un minimum, ce n'est donc pas l'idéal, car ce n'est pas l'amour. Ce comportement se situe à mi-chemin entre la justice et l'amour, il demande le respect de ce qu'on n'aime pas. Cette demi-vertu, ambigüe, implique seulement qu'on ne fera pas violence à son prochain, qu'on l'accepte avec réserve : « Tolérer un étranger. » L'ignorer, plutôt. Pas d'intention aimante dans la tolérance. En fait, on tolère ce qu'on ne comprend pas, voire ce que l'on réprouve. Il y a conflit entre la liberté et la vérité. C'est un état entre la guerre et la paix, entre la haine et l'amour. On est loin de l'injonction du Christ : « Aimez vos ennemis. »

En politique, la tolérance est aussi « une coexistence sans sympathie où le cœur n'est pas [1] », dit V. Jankélévitch. Le libéral supporte l'étatiste, chacun espérant qu'il se ralliera un jour à sa cause. Au Moyen-Orient, les frères séparés juifs et arabes tentent de se tolérer, car c'est cela ou la mort.

La tolérance est donc d'abord « une attitude de commodité destinée à nous épargner la haine (qui débouche sur le conflit et parfois la guerre). Elle exige un coûteux effort de compréhension [2] ». Elle est un premier pas, un moindre bien.

Dialogue

JJA — Commençons par la tolérance individuelle, au niveau de la vie.

JG — On tolèrera ou non les agitations des enfants, le vacarme des réunions nocturnes des jeunes et des

1. V. Jankélévitch, *op. cit.*, p. 755.
2. *Ibidem*, p. 768.

« motards », les petits mensonges du conjoint qui préservent sa liberté, les attitudes désagréables, les « chauffards » et autres moindres infractions de la route, les appels intempestifs du téléphone, les bavards, les fumeurs, les chasseurs, la publicité importune, bref tous ces petits heurts inévitables en société, dont un être équilibré et altruiste s'accommode, surtout si « l'autre » y met un peu du sien.

JJA — Et pour la vie de tous les jours, adopter cette règle simple : être tolérant au maximum pour les autres, mais pas pour soi-même. Et si je dois réprimer — il faut bien appliquer les lois, éduquer les enfants — que ce soit avec mesure, finesse et charité.

JG — « Nous sommes tous pétris de faiblesse et d'erreurs, a dit Voltaire. Pardonnons-nous réciproquement nos sottises, c'est la première loi de la nature. »

JJA — Parlons maintenant de la tolérance vis-à-vis des étrangers. Les difficultés économiques et les pressions menaçantes de la démographie ou de la politique dans les pays défavorisés provoquent le phénomène de l'émigration. Dans les pays d'accueil, si elle est excessive, une part de plus en plus importante de la population supporte mal ou ne tolère plus ces étrangers. Et l'intolérance s'installe sans nuances.

JG — Dont le fondement est l'égoïsme. « Moi, je suis ce que je suis, dit Guignol. C'est les autres qui sont autrement. »

JJA — Le fondement de cette intolérance est-il un égoïsme condamnable ou une défense légitime ? Tel est bien le débat de la société française. Et ailleurs, même dans les pays pauvres.

JG — Pourquoi le touriste français respire-t-il avec gourmandise les odeurs fortes de telle ou telle « médina » qu'il visite à Tunis ou à Casablanca, et ne les supporte-t-il plus lorsqu'elles montent dans sa cage d'escalier à Paris ou à Nice ? C'est parce qu'il se sent menacé chez lui. Non sans raison, puisque l'indice de fécondité des mères françaises d'origine occidentale est de 1,52 (1,43 pour l'Europe). (Source : *La Mutualité française*, juin 1997.) Pour survivre sans mélange, une « race » doit avoir au minimum 2,08, sinon elle cède plus ou moins la place à une autre ethnie. C'est dans ce contexte brûlant, dans cette *réalité* démographique qu'il faut placer le débat sur la tolérance ethnique.

JJA — Il me semble que toute intolérance part d'un motif plus ou moins légitime. On se sent menacé dans ses convictions, son mode de vie ou dans ses biens. Mais on en arrive très vite à un blocage. Plutôt que d'essayer de se comprendre, on préfère s'enfermer dans ses privilèges, ses situations acquises, c'est-à-dire dans l'égoïsme. Le pire est alors à prévoir : la résorption du conflit par la violence, par l'épreuve de force.

JG — Il est évident que le monde ne supportera pas longtemps la disparité scandaleuse entre pays riches et pays pauvres. D'une manière ou d'une autre, les riches, dont le modèle représente une tentation irrésistible pour les pauvres, devront partager. Mieux vaudrait que ce soit volontaire. L'idéal serait d'aider chez eux les pays pauvres. Ainsi, il n'y aurait d'autre « invasion » que le tourisme.

JJA — Voyons maintenant le troisième volet : la tolérance vis-à-vis des convictions, au sein d'un même groupe. Face à la montée de tous les intégrismes armés, où l'on voit une petite minorité tentée d'imposer par la force ce qu'elle ne peut obtenir par le libre jeu démocratique, ce terme de « tolérance » ne revêt-il pas une signification pathétique ?

JG — Le problème de la tolérance devient crucial là où il y a des convictions, là où le vrai est en jeu. Celui qui croit à la vérité de sa cause peut-il admettre qu'elle soit bâillonnée, qu'on lui refuse le droit de la répandre ?

JJA — Oui, mais il faut distinguer *sa* vérité, et *la* vérité. Chacun pense posséder le vrai. Dès lors, il est tenté de l'imposer, par la loi s'il est au pouvoir, ou par la violence s'il n'y est pas.

JG — Très souvent, l'idée de la vérité procède d'un égoïsme. Essayez de persuader un musulman intégriste que les femmes ont les mêmes droits que les hommes ! Ce genre d'intolérance se résorbera dans le tiers monde comme il s'est résorbé en Occident. Beaucoup plus complexe est l'intolérance idéologique. Il ne s'agit plus de défendre sa prééminence conjugale, son emploi ou son lopin de terre, mais ses idéaux, sa philosophie, sa religion, bref l'idée qu'on se fait de la vérité, et qui varie d'une frontière à l'autre, voire à l'intérieur d'un même État, d'une même famille. Le fait est là, tragique : chaque être est porteur de sa vérité qui n'est pas celle des autres. Le phénomène n'est pas nouveau. Au XVIIIe siècle, un monarque soi-disant éclairé comme Louis XIV envoyait aux galères ou contraignait à l'exil ou à l'abjuration des protestants (ailleurs les juifs) dont le seul crime était de chanter les psaumes et d'ignorer le pape. Plus proche de nous, il y eut en Europe la folie d'intolérance nazie. Cette sanglante dérive existe encore, comme on le constate en Algérie, en Iran, en Afghanistan et ailleurs.

JJA — Au nom de l'intolérance raciale ou confessionnelle, des peuples s'entre-tuent ou se sont entretués en Yougoslavie, en Palestine, en Inde, en Algérie, en Afrique noire ; bref, un peu partout l'intolérance sévit. Même en Irlande, au pays Basque et en Corse on pose des bombes.

JG — C'est ici qu'apparaît le côté positif de la tolérance. Elle tente de persuader pacifiquement par la parole. L'intolérance, qu'elle ait ou non le pouvoir, tente de se maintenir ou de s'imposer par la force. Cependant, je ne tomberai pas dans la dérive inverse.

JJA — La tiédeur molle condamnée par le Christ ! Sade disait aussi : « La tolérance est la vertu du faible. » À la limite, la tolérance religieuse pourrait être assimilée au manque de foi.

JG — Sous prétexte de rejeter le fanatisme, on risque effectivement de tomber dans le scepticisme : chacun sa vérité et tous seront tranquilles ! Et si chacun reste muré dans sa certitude, tolérer celle des autres revient à les mépriser. Le scepticisme est l'inverse de la tolérance. Ce qui oppose les consciences, c'est leur amour passionné de la vérité, en quoi elles ont raison. C'est la dignité de l'homme de chercher le vrai. Prétendre qu'on est neutre, que toutes les opinions sont vraies, c'est supposer qu'elles sont toutes fausses.

JJA — L'idéal est que l'État, laïque et démocratique, soit le garant de toutes les libertés, opinions, religions, exprimées pacifiquement dans le respect des autres, sans prosélytisme.

JG — À condition que l'État se maintienne dans une véritable neutralité, ce qui est difficile pour le parti politique au pouvoir. Finalement, je n'aime pas ce mot assez bâtard de tolérance, qui implique une sorte d'hypocrisie : « Je permets ce que je condamne. » Et ici je crois entendre ce cri du « toléré » : « Approuvez-moi ou condamnez-moi, mais ne me tolérez pas ! »

JJA — Une religion *tolérante* renonce à convertir, à sauver « l'infidèle » ? Mais alors, elle s'en désintéresse ! Comment sortir de cette contradiction ?

JG — J'écoute le « toléré ». Que me dit-il ? « Ce n'est pas de tolérance dont j'ai besoin, mais de respect. Plus encore, de cet amour qui est l'acceptation de la différence. »

JJA — C'est tout le problème de l'œcuménisme !

JG — Oui. Pour tenter d'unir les esprits, il faut demander à chacun, non de se renier, mais de s'approfondir ; d'être davantage et plus purement lui-même. Au protestant d'être plus protestant, au catholique d'aller au plus profond de son amour. À chacun de monter vers le sommet lumineux d'où il apercevra les sommets voisins, qu'il croyait contraires. Purifions-nous en nous assimilant ce qui nous semble vrai dans les vues de nos contradicteurs, afin d'enrichir les nôtres, et de préparer le moment où il n'y aura plus lieu de « tolérer », mais seulement de comprendre et d'aimer. Tout accueillir avec bienveillance et une curiosité toujours ouverte, mais aussi tout soumettre à une rigoureuse critique. Tel était le principe de saint Paul. C'est l'aspect intellectuel de la charité : « Passez tout au crible, retenez le meilleur. »

JJA — Gandhi, qui précha la tolérance, disait que l'homme ne voit qu'une partie de la vérité et sous des angles différents. Il n'empêche que reste posé le problème de LA Vérité. « Je suis la vérité », dit Jésus à Pilate, qui réplique : « Qu'est-ce que la vérité ? »

JG — À quoi Jésus répond, non par une parole, mais

par l'offrande de sa vie : « La vérité, c'est d'aimer Dieu, et son prochain comme soi-même. » À partir de cette vérité absolue, il faut chercher encore, pour l'approfondir. Sûr de notre amour, nous progresserons à l'intérieur de cet amour, pour aimer davantage.

JJA — Être tolérant, ce sera plus difficile au XXIe siècle, dans ce contexte de mondialisation. Il y faudra une vertu presque surhumaine.

JG — La tolérance intervient ici au prix d'un douloureux renoncement. On acceptera que sa vérité ne soit pas absolue, on reconnaîtra la parcelle de vérité dont l'étranger est porteur. Et on le fera d'autant plus que l'on sera moins sûr de sa propre vérité, attitude humble et décapante.

JJA — Comment pourra-t-on passer de la tolérance à l'amour ?

JG — Par une brusque mutation qui procède d'une intuition sympathique. Tout doit tendre vers cet espoir de paix qui engendre l'amour. La tolérance devient alors une vertu d'attente. Sa dynamique secrète est de n'en pas rester là.

JJA — Finalement, comme l'a dit V. Jankélévitch, « la tolérance est l'adaptation de l'homme à un monde en désaccord. Elle pacifie la tragédie de l'absolu plural. Elle est l'huile qui lubrifie les rouages de la coexistence. Elle permet à ceux qui ne s'aiment pas de se supporter en attendant de pouvoir s'aimer. Ainsi s'accomplit le miracle du *nous*, paradoxe de la communauté[1]. » Mais quelles sont les limites de la tolérance ?

JG — Elle s'arrête au pire. On peut tolérer le petit mensonge d'un enfant, mais non son assassin. On

1. V. Jankélévitch, *op. cit.*, p. 770.

tolère l'hérésie d'un chrétien séparé, mais non l'erreur de calcul d'un commandant qui jette son bateau sur le récif, ou d'un routier ivre qui massacre une famille. On peut tolérer un mendiant qui nous importune, on ne peut pas tolérer Hitler ou Staline. Au nom de la tolérance, on ne peut pas tolérer l'intolérance, comme par exemple le racisme aveugle et ses effets pervers : la haine et la violence, qui peuvent conduire à la barbarie.

Vacuité (repos)

Mots associés : vide, détente, repos, quiétude, sommeil, inconscience, abandon, détachement, silence. *Antonymes :* agitation, activisme, conscience, travail.

Citations : « Dieu ne nous remplit qu'autant que nous sommes vides. » (H. de Montherlant, *Port-Royal.*) « Dieu comble son bienaimé qui dort. » (Psaume 127-2.)

Définition : Du latin *vacuitas, vacuus*, vide. Se réfère à un état mental qui fait le vide dans la conscience, en évitant le sommeil.

Dans le bouddhisme zen, être en état de vacuité, de vide, c'est mettre son esprit en disponibilité pour permettre à la fine pointe de la conscience de saisir l'essence de ce qui *est* en réalité, que les chrétiens nomment « Dieu », et ceux qui n'y croient pas « l'Excellence ».

En Occident, C.G. Jung, avec sa psychologie analytique, est allé le plus loin dans l'étude de la vacuité, phénomène psychologique complexe étudié aussi par Freud dans une optique athée. L'idée de base est que le phénomène de la pensée comprend deux vecteurs qui coexistent : le conscient et l'inconscient. Par la conscience, l'homme, grâce à ses sens, est en contact avec le monde extérieur, phénoménal. Le moi structure la conscience. L'inconscient est d'abord une mémoire, réceptacle de nos expériences et de celles de nos ancêtres (inconscient collectif.) Il contient nos refoulements et bien davantage, puisque nos intuitions y ont leur source. Les artistes, les inventeurs, les créateurs et tout un chacun peuvent puiser dans ce réservoir qui, dans l'expérience mystique, communique aussi avec l'Infini, la Transcendance.

L'état ordinaire de vacuité, c'est le sommeil. Vacuité relative, puisque le rêve, activité psychique de l'inconscient, s'y déploie. Son rôle est de compenser les tensions de la vie diurne, de régler la vie psychique, d'exprimer nos éléments subliminaux et peut-être de recevoir des messages d'entités extérieures. « Tout le futur qui se prépare en moi, dit Jung, tout cela est le contenu de l'inconscient. » Sa profondeur est insondable. Son contenu est d'une richesse illimitée, d'où l'utilité de la vacuité pour accéder à ce monde qui nous contient psychiquement et contient l'être idéal que nous pourrions être, que nous sommes appelés à être.

La relaxation, méthode de relâchement physique et mental, est une hygiène nécessaire à tous pour réduire les fatigues, les tensions et les angoisses, génératrices de maladies psychosomatiques. Préalable de tous les exercices, elle décuple l'efficacité du travail. Elle devrait être enseignée en priorité dans les écoles.

Dialogue

JJA — Parlant du travail, nous y avons associé le repos. Il ne s'agit pas ici de la vacuité que recherche le mystique en quête de Dieu, mais plus simplement de la pause, de la détente, nécessaires au corps, notamment au cerveau, pour obtenir leur pleine efficacité.

JG — J'ai cherché le repos, que je n'ai jamais séparé du travail. Comme disait Ravaisson, « tout évanouissement est une promesse ».

JJA — Tout se passe en effet comme si la machine cérébrale attendait ce relâchement de la conscience pour engager l'une de ces opérations créatrices dont elle a le secret et que l'activisme de l'homme — le travail — semble compromettre lorsqu'il devient excessif.

JG — Oui. Il faut une alternance, comme l'ombre et la lumière. Dans la détente (repos, relaxation ou sommeil) les objets de ma pensée se dissolvent. Ils perdent les relations qu'ils avaient entre eux pour prendre des relations plus vastes.

JJA — On dirait alors que dans le cerveau l'œil d'un mystérieux opérateur explore avec un ordinateur fait de cellules vivantes l'étendue des possibilités, des mémoires, susceptibles de faire surgir des solutions. On peut laisser faire le sommeil. On peut aussi tenter d'intervenir sur ce processus ; ou au moins l'observer. Comment procédez-vous pour activer cette bienheureuse fonction ?

JG — Surtout, je ne procède pas ! Je laisse les choses se produire. Il ne faut pas trop s'observer : on s'éveillerait au lieu de s'évanouir. Il faut au contraire se perdre dans un je-ne-sais-quoi que l'on peut appeler « être » ou « néant », avec le sentiment que rien n'a alors d'importance, sinon ce repos, qui est le seul « travail » en ce moment.

JJA — Il n'y a donc pas de bon travail sans repos, sans détente, sans vacuité, sans recharge. Ce qui est évident pour le laboureur l'est aussi pour le travailleur de bureau, l'employé, le professeur, le chercheur, l'artiste, l'écrivain. Comment concilier le travail et le repos ?

JG — Comme vous, je suis un « activiste ». Je ne sais pas m'arrêter pour me reposer et laisser l'inconscient faire le travail à ma place. Je trouve trop de plaisir dans le travail. J'ai besoin d'une activité continue, constante, comme la pensée ou la réflexion. On m'a rapporté la première phrase que je prononçai, petit enfant. C'était devant la reproduction de *La Cène* de Léonard de Vinci. J'aurais dit : « Ils ont de la chance, ils mangent tout le temps. » La signification profonde de ce mot s'inscrit dans ma substance. Ce besoin d'une activité qui ne connaîtrait pas d'interruption. « Jours de travail ! Seuls jours où j'ai vécu ! » chantait Musset dans sa *Nuit d'octobre*.

JJA — Comment expliquer cet excès ? Le cerveau, comme le muscle, a aussi besoin de repos ?

JG — C'est évident. Or il semble que l'on trouve un certain plaisir à être surmené, qu'il s'agisse de l'étudiant qui prépare un examen, de l'écrivain qui s'obstine sur son texte ou du PDG obsédé par son chiffre d'affaires.

JJA — L'excès de travail est peut-être une drogue destinée à masquer une angoisse. Ou plus simplement le désir de gagner toujours plus, d'amasser, de produire davantage.

JG — Lorsque l'esprit est obnubilé par un travail passionnant, il ne pense qu'à cela et voudrait faire l'économie du repos. Quoi qu'il en soit, c'est dangereux et c'est l'une des tares de l'homme évolué. Mais je voudrais aller au-delà d'une explication ordinaire, comme la nécessité évidente pour les neurones de se recharger en oxygène et de réaliser paisiblement leur complexe métabolisme. Il faut savoir mettre une distance entre son esprit et son travail, se réserver le divin loisir dans lequel on peut discerner ce qui importe et ce qui n'importe pas. C'est non seulement une recette royale pour réussir son travail, mais aussi pour être heureux.

JJA — Si le bonheur consiste à avoir du travail, il consiste aussi à avoir du temps. Mais qu'il est difficile de gérer son travail et son temps ! Car si le travail réussit, si le succès l'accompagne, on est tenté et parfois obligé d'en faire toujours davantage ! Comment résoudre cette contradiction ?

JG — Je n'ai jamais séparé le travail et le repos, ayant toujours voulu que le repos soit un travail et le travail un repos, afin que toutes les parcelles de vie qui sont données avec tant de surabondance soient plus efficaces, bien que laissant peu de place à la vacuité.

JJA — En fait, il n'y a jamais de repos dans la machine cérébrale, sauf peut-être dans la phase de sommeil profond à ondes lentes. Dans le sommeil, la conscience décroche et laisse les commandes à cette part innommable de l'esprit que nous appelions l'inconscient. La vacuité, le geste, volontaire ou non, de la conscience de décrocher, permet à l'inconscient d'agir. Et c'est une nouvelle richesse qui nourrit le travail en cours. C'est sans doute l'une des fonctions du sommeil. Mais le sommeil suffit-il ? Faut-il aussi s'imposer des repos volontaires diurnes ? En un mot, faut-il prendre son temps, voire *perdre* son temps ?

JG — La clé du travail bien fait, c'est de savoir doser l'effort et le repos. Tout retard dans un travail d'esprit bien entrepris est la chance d'un fruit mûr. Ceci est aussi valable pour un travail manuel, où entre toujours une part de l'esprit.

Le temps prépare les achèvements. Il fait retomber ce qui ne tenait pas à l'essence de nos pensées. Il agit par le dépouillement de l'accidentel. Il travaille aussi d'une manière positive en faisant germer ce qui n'était encore qu'à l'état de semence. La vraie manière de se corriger, c'est de dormir et de recommencer.

JJA — Alors, il ne faut pas se forcer ?

JG — C'est plus subtil. Il faut un effort de non effort. Il faut travailler dans la détente. Mais cela réclame beaucoup d'effort, ce qui paraît contradictoire. Il est certain que dans le travail comme dans la vertu, pour mériter de faire un jour une œuvre sans effort, il faut avoir fait beaucoup d'efforts.

JJA — Où cesse l'acte et où commence le repos ?

JG — Vous posez là une question capitale. Quand on se détache, que l'on se détend, on finit parfois par s'endormir. Alors, la perte de conscience est totale. Il est à remarquer que l'on ne s'en aperçoit jamais dans le moment où l'on s'endort, parce que, pour prendre conscience de cet instant, il faudrait être à la fois dans le temps et hors du temps, dans la veille et dans le sommeil, ce qui semble impossible.

JJA — Les yoguis s'y exercent. Ils évitent le sommeil, ou du moins le retardent. Ils affirment que ce moment hors du temps entre veille et sommeil est le plus important de la vie : comme une fenêtre ouverte sur l'éternité, sur l'infini, sur le réel. Mais qui obtient un résultat ? Qui voit de l'autre côté avec le troisième œil ?

JG — En effet, cela paraît impossible. L'interruption de la conscience ordinaire, même quand on veut la percevoir, s'opère tout d'un coup. Le sommeil est semblable à la mort : il vient en voleur.

JJA — Être mort, est-ce être « de l'autre côté », dans « l'au-delà » ? Cette réflexion sur le sommeil, et sur la détente nécessaire au plein épanouissement du travail, nous amène malgré nous à l'expérience mystique. Que pensez-vous du quiétisme ?

JG — J'y vois une vérité cachée derrière une exagération farouche de la vérité contenue dans le repos.

JJA — Le quiétisme, cette forme de mysticisme passif, très à la mode en France au XVIIe siècle avec Mme Guyon, et même soutenu un temps par Fénelon, fut condamné par l'Église parce que trop démobilisateur.

JG — L'idée est qu'on atteint Dieu par le repos, c'est-à-dire par la cessation de tout effort inutile, qui révèle en nous cet acte plus profond que tout acte, l'adhésion à la Volonté sans visage, à l'Être sans borne, à l'Éternité sans limite. Mais le quiétisme allait trop loin.

JJA — Nous voilà en effet bien loin de l'humble repos du travailleur ordinaire !

JG — Nous sommes tous appelés à transcender le travail, à le « sacraliser ». Le « repos » en est le passage obligé. Il ne doit pas supprimer le travail. Il faut écouter cette sagesse intime qui nous porte au sommeil, au repos. C'est dans cet équilibre que se trouve l'harmonie.

Vieillir (bien vieillir)

Mots associés : dépouillement, détachement, consentement, paix, sagesse, esprit d'enfance, sérénité.

Citations : « Le vieillissement commence quand l'accessoire prend le pas sur l'essentiel. » (Cardinal Saliège.) « La vieillesse n'ôte à l'homme d'esprit que les qualités inutiles à la sagesse. » (Joubert, *Pensées.*) « Plus je vieillis, plus je crois à l'immortalité de l'âme. Car plus je vieillis, plus je me sens prêt à vivre. » (William James.)

Définition : Du latin *vetus*, ancien. État de vétusté, de détérioration. Vieillir, nous dit sans nuance le dictionnaire, c'est perdre sa jeunesse, sa force, sa fraîcheur et sa grâce. C'est être en retrait de la vie active. C'est tout ce qui date, qui est dépassé, ancien, démodé. Autrement dit, c'est ce qu'il ne faut pas faire ! « Ô rage, ô désespoir, ô vieillesse ennemie ! » (Corneille, *Le Cid.*) En fait, « le vrai mal de la vieillesse n'est pas l'affaiblissement du corps, a dit André Maurois, c'est l'indifférence de l'âme ».

Or ce n'est pas, sauf dans certaines pathologies, une fatalité. Il existe un art de bien vieillir. Cette vertu nécessaire se base à la fois sur le détachement sage de ce bien incomparable qu'on appelle la jeunesse, et dont la jeunesse profite si peu, et surtout sur les valeurs de l'esprit. Contrairement au corps, celui-ci résiste singulièrement au vieillissement, jusqu'à un âge extrême, si l'on échappe à ces maladies de dégénérescence cérébrales que la science, demain, maîtrisera peut-être.

Bien vieillir, c'est d'une part recueillir les bénéfices d'une hygiène physique qui, dès l'adolescence, doit s'efforcer d'entretenir son corps (sport, culture physique, hygiène, yoga), d'éviter les excès (notamment alimentaires et sexuels) et de bannir les poisons tels les drogues, le tabac et l'alcool. Mais cela ne suffit pas. Il faut aussi garder son esprit actif, lire de bons livres, enrichir sa mémoire et cultiver un idéal, une passion, si possible altruiste, qui, l'âge venu, ne seront pas soumis aux impératifs d'une mise à la retraite de plus en plus précoce.

En effet, si nos cellules cérébrales (neurones) ne se renouvellent pas, si certaines meurent, nous en possédons un nombre énorme (plusieurs milliards) permettant théoriquement de vivre et de bien vivre au-delà de cent ans, à condition de les maintenir actives, chaque cellule étant capable de développer des milliers de liaisons.

« Vieillir, a dit Paul Éluard, c'est organiser sa jeunesse au cours des ans. » Il faut, tout au long de sa vie, prendre à la lettre le conseil de l'apôtre Paul : « Que tout ce qui est beau et bon soit votre unique pensée, et vous serez transformés en la même image, de gloire en gloire. » C'est aussi éviter de pleurer sur les années enfuies, et de craindre la mort.

Voici encore quelques conseils de personnalités qui, semble-t-il, ont bien vieilli :

Le général MacArthur : « Seules les années rident la peau. Renoncer à son idéal ride l'âme. » Henri Bordeaux : « Travailler dans la joie en donnant le plus possible de son cœur. » (Donc entretenir la joie et l'optimisme.) Albert Camus : « Passer de la passion à la compassion. » Chateaubriand : « La vieillesse ne doit pas être une charge, mais une dignité. » Paul Claudel : « Que l'esprit l'emporte sur la chair ! »

On concluera avec H.F. Amiel : « Savoir vieillir est le chef-d'œuvre de la sagesse et l'une des plus difficiles parties du grand art de vivre. »

Dialogue

JJA — On pourrait ainsi résumer l'art de bien vieillir : C'est l'affaire de toute une vie. C'est rester actif et altruiste le plus longtemps possible. Puis, quand les forces font défaut et que la mémoire flanche, bien vieillir c'est se détacher, acquérir enfin la sagesse, explorer son monde intérieur, sans oublier d'en faire profiter les autres. Pour le croyant, c'est l'invitation au détachement, qui conduit à accepter la mort, comme un suprême abandon et non une fin : un commencement. « Sénescence, c'est naissance ! »

JG — D'abord, rester jeune d'esprit et actif jusqu'au bout. Mon père disait à son médecin : « Au fond, il s'agit de mourir en bonne santé. »

JJA — Alexandre Arnoux allait encore plus loin : « Il s'agit de mourir jeune. Ne vieillir que dans une faible mesure. » Est-ce possible ?

JG — Jean Rostand me disait que ce sont les jeunes qui vieillissent le plus. Évidence biologique. Ce qui vieillit le moins vite, c'est le vieillard. Quand on a compris cela, on a un tigre dans son moteur !

JJA — Le vôtre est bien vivant, Jean Guitton ! Vous ne manquez aucune séance de l'Académie. Un livre par an et vous allez être centenaire !

JG — Je l'espère bien. Le livre me conserve, et le travail intellectuel. Mon médecin m'a toujours recommandé le surmenage. Il appelle cela la « surménothérapie ».

JJA — Encore faut-il que le corps accepte !

JG — La carcasse n'accepte pas toujours. Mais le cerveau, oui. Vous l'avez dit, nos ressources cérébrales sont extraordinaires, à condition de solliciter sans cesse les neurones. Travaillez en état de relaxation physique, c'est-à-dire allongé, et vous traverserez le siècle ! Mais ce qui me fait bien vieillir, c'est surtout l'idée du peu que je puisse encore donner. On ne se sent pas vieux lorsqu'on se sent utile.

JJA — Combien de grands-parents ont leur vieillesse illuminée en s'occupant de leurs petits-enfants ! Et réciproquement, combien d'enfants de couples désunis sont ainsi sauvés !

JG — « Il faut vivre comme si on ne devait pas mourir », me disait mon vieux maître le père Pouget. Il ajoutait : « Quand on est vieux, il faut encore faire des projets. Soyez content, soyez heureux de vivre. La vie bien employée est un moyen de se perfectionner. C'est à nous de nous développer ; les moyens sont infinis. » M. Pouget ne craignait pas de « s'abîmer » (on dirait aujourd'hui « se défoncer », « s'éclater ») jusqu'à la fin par le travail et c'est pourquoi il resta jeune jusqu'à sa mort, à quatre-vingt-six ans.

JJA — Et pourtant, il était aveugle.

JG — Je n'ai jamais vu quelqu'un si bien vieillir. Aveugle à cinquante-huit ans, éloigné de sa passion, l'enseignement, il avait gardé la joie de vivre. Il vécut ainsi vingt-huit ans, relégué dans sa cellule de lazariste, pauvre et inconnu, presque sans livres (je lui faisais un peu la lecture), sans avenir, sinon en Dieu. À la fin de sa vie il me disait : « Je ne me suis jamais ennuyé un seul jour et chaque jour j'apprenais. Je repensais le monde. La vie nous a été donnée pour grandir. Notre devoir est de nous développer le plus possible. » Aucune austérité malsaine chez lui. Il me répétait : « Il faut être content de vivre et actif. Je n'ai jamais su où donner de la tête tellement j'avais à faire. »

JJA — Mais que faisait-il ?

JG — Comme un vrai sage il conseillait les autres. Et d'abord il pensait. Lorsqu'il perdit la vue, il dit : « J'aurai enfin le temps de réfléchir. Car pour bien penser il faut la nuit. » « J'ai vécu, ajoutait-il, accablé de travail et de joie. Que de ressources dans les choses et de bonté dans celui qui les a faites ! La jeunesse imagine trop, c'est pourquoi elle est souvent dans l'illusion. Plus on va, plus on se guérit de supposer. On voit ce qui est, ce qui est s'accroît et cela vous encourage. » Et moi je l'admirais en silence, comme s'il rajeunissait à mesure qu'il s'écartait de ses quatre-vingts ans. Et je me disais : « Il a trouvé, il voit, il sait. »

JJA — Aveugle, il voyait la Lumière. Le Christ a dit : « Marchez tant que vous aurez la lumière. »

JG — Notre devoir et notre joie est de marcher tant que l'on est vivant ; d'avancer, malgré l'âge et les infirmités.

JJA — C'est bien ainsi que vous faites, Jean Guitton. Tel que l'on vous connaît, vous ne cesserez de « marcher », c'est-à-dire de penser et d'écrire, jusqu'à votre dernier jour.

JG — L'âge avancé est celui où l'on peut enfin être soi-même. Saint Paul disait : « Notre homme extérieur dépérit, notre homme intérieur se renouvelle de jour en jour. »

JJA — Pourquoi certains êtres ne donnent-ils leurs fruits qu'en leur grand âge, alors que tant d'autres, comme Mozart ou Chopin, ont déjà tout découvert à vingt ans ?

JG — C'est un mystère, et c'est aussi une chance. Nous admirons la précocité des jeunes génies. La jeunesse des vieillards devrait nous retenir davantage en nous donnant quelque secours. Ainsi, j'ai connu un poète, Jean Soulairol. L'existence n'avait pas été douce pour cet homme doux. Il avait souffert d'une impossibilité de vivre jusqu'au milieu de la vie. Alors, il rencontra ce qu'il désirait depuis l'origine mais qu'il avait cru impossible : l'amour. Sa vie s'éclaira. Ses épreuves lui devinrent intelligibles. Il vit le ciel ouvert. Et sa poésie aussi s'illumina. Il chanta l'amour si tard avec une ferveur que bien des jeunes ne connaissent pas. Il revivait une seconde enfance sur le mode de la maturité.

JJA — Ceci montre le rebondissement infini de l'esprit. Revivre l'enfance sans retomber en enfance ! Serait-ce le secret d'une bonne vieillesse ?

JG — Oui. Nous en parlions à propos de la sagesse. Le grand âge devrait être pour l'esprit une période non de déclin mais de récapitulation, qui goûterait paisiblement les joies, celles des âges antécédents, joies concentrées, réduites à leur essence. Et particulièrement ce qui est l'essence de l'enfance, mais que l'enfant ne connaît ni ne savoure : la fraîcheur, le sentiment de l'existence à l'état naissant.

JJA — François Nourissier me disait : « Quand on

vieillit, on éprouve une espèce d'émerveillement devant la vie. C'est une des bonnes surprises de l'âge. »

JG — L'idée, aussi, qu'un nouveau monde apparaît. Mettre un temps de retrait entre l'action et la mort, comme l'enfance est un temps de retard entre la vie et l'action.

JJA — Ceci nous amène à cet autre aspect de la vieillesse, quand l'activité n'est plus possible, qu'il faut se détacher. France Pastorelli, réduite à abandonner son art, le piano, écrivait : « La vie du monde se retirait totalement de moi, mais à la façon d'une marée dont le retrait laisse apercevoir les trésors que les flots recouvraient. » Mieux vaut se détacher volontairement, avec le sourire, que contraint et forcé, comme Brillat-Savarin, qui se désolait d'être vieux, « d'être tombé dans la sagesse » !

JG — Le vieillard, regrettait Balzac, « est un homme qui a dîné et qui regarde les autres manger ». Quelle erreur ! Il y a nourriture et nourriture !

JJA — Voici donc bien des manières de vieillir. Certains, comme Marthe Robin, accablée par des souffrances physiques et morales, savent en tirer une immense richesse spirituelle, par le consentement joyeux et l'offrande, et non dans la résignation. Albert Jacquart remarquait aussi : « Ce qui m'a fait, c'est ce qui m'a fait mal. » La clé du « bien vieillir » est là, et d'abord dans ce détachement des pesanteurs terrestres, qui faisait dire à Yehudi Menuhin : « Ce n'est pas que je deviens plus vieux, je deviens plus léger, comme un avion à la fin de son vol. »

JG — C'est vrai. Le jeune adulte est surchargé de vitalité, comme l'avion qui décolle, lourd de carburant. C'est pourquoi les décollages sont plus dangereux que les atterrissages. Je ressens cela, moi aussi. Se rendre, s'abandonner dans la simplicité. Ma mère avait raison quand elle disait : « Il n'y a qu'une seule manière de bien vieillir, c'est d'accepter les ans et de penser plus aux autres qu'à soi. » Elle avait recopié ce vieux poème sans nom d'auteur :

Vieillir, se l'avouer à soi-même et le dire
Tout haut, non pas pour voir protester les amis,
Mais pour y conformer ses goûts et s'interdire
Ce que la veille encore on se croyait permis.

Aux appétits grossiers infliger d'âpres jeûnes
Et nourrir son esprit d'un savoir simple et sûr.
Devenir doux, devenir bon, aimer les jeunes,
Comme on aima les fleurs, l'espérance et l'azur.

Vaquer sans bruit aux soins que tout départ réclame.
Prier et faire un peu de bien autour de soi.
Sans négliger son corps parer surtout son âme,
Chauffant l'un aux tisons, l'autre à l'ancienne foi.

JJA — La prière, la méditation, le recueillement, la lecture, le don de soi, demeurent en effet des activités essentielles que le poids de l'âge ne saurait entraver, au contraire. Une vieille amie me disait, en souriant, qu'elle découvrait avec bonheur, dans la prière, la richesse du ralentissement. « Alors, Dieu pénètre dans notre vie par la brèche de nos fragilités. » Et elle ajoutait, en baissant la voix, par modestie : « Il faut rendre le service aux autres d'être meilleur. » Ainsi, en nous montrant les valeurs essentielles, la vieillesse nous introduit au seuil du Mystère.

JG — Le dernier âge prépare à une métamorphose dernière. Nous ne sommes pas encore au bout du chemin ; nous ne sommes pas encore accomplis. Oui, vieillir, c'est voir Dieu de plus près. C'est ainsi que la vieillesse, au lieu d'être l'âge de la dissolution, est celle de l'intégration.

JJA — Milan Kundera raconte que son vieux père, au fur et à mesure qu'il avançait en âge, comprenait de mieux en mieux ; il avait comme une vision de l'Essence. Mais, parallèlement, il éprouvait des difficultés à l'exprimer. À la fin, proche de sa mort, *il voyait*, mais il ne parlait plus.

JG — Situation similaire à celle de la petite enfance : l'enfant *voit*, mais il est incapable de l'exprimer. L'idéal serait d'arriver à *voir* en gardant la capacité de *dire*.

JJA — Maintenant, je comprends ce mot de Jean Cassou, dont on vient de fêter le centenaire : « Il y a quelque chose de faible et d'infini dans le cœur des vieilles gens, à quoi l'on ne devrait jamais toucher, devant quoi on devrait trembler, comme avant d'enseigner une religion à des enfants. »

JG — « Je n'ai pas vieilli, disait Lacordaire. J'ai seulement connu plusieurs jeunesses successives. » Et moi, me voici à ma dernière jeunesse. Une jeunesse sans jeunesse, apparemment sans avenir. Mais comme l'existence humaine, à travers les âges de la vie, est une suite de métamorphoses, j'espère que mon ultime jeunesse se transformera mystérieusement après le grand passage, et cette fois-ci pour toujours. C'est pourquoi il faut mourir libre, hors des règles, ou avec des règles plus intimes.

JJA — Quel est le secret de votre longévité ?

JG — Aimer. J'aime la vie. J'aime écrire et j'aime peindre, aussi. J'aime aimer et j'aime être aimé. Les vieillards meurent parce qu'ils ne sont plus aimés. Grâce à mes livres, je me sens toujours un peu aimé, et peut-être un peu utile. Je pense aussi que vivre vieux, c'est se souvenir.

JJA — En vous voyant, Jean Guitton, en vous regardant vivre et agir, face à ce parc si beau du Luxembourg, dans le dépouillement de ce bel hiver, je songe à ce conseil de Nietzsche : « Laisse croître en maturité et en douceur les fruits de ton existence, afin qu'il ne s'y mêle rien d'acide ni d'amer. »

JG — Oui. Nous sommes là tous les deux face à ce jardin que bientôt le printemps va faire reverdir. Et voyez ces enfants qui courent devant ce vieux couple. Que nous soyons tous illuminés par la douceur ! Par le bonheur. Par l'espoir. L'espoir de VIVRE, enfin !

Et si, pour terminer, nous parlions du bonheur ?

> « Être heureux, c'est une vertu, et une des plus puissantes. »
>
> (J.A. de Gobineau)
>
> « Quant au bonheur d'autrui, ce que nous pouvons faire de mieux pour ceux qui nous aiment, c'est encore d'être heureux. »
>
> ALAIN, *Propos sur le bonheur.*

JJA — Et si, pour terminer, nous parlions du bonheur, le souverain bien pour la majorité des hommes ? N'est-ce pas une vertu de l'acquérir, de savoir en jouir et de le partager ? Lors d'une visite du Dalaï Lama à Caen, une jeune fille nommée Héloïse lui demanda : « Qu'est-ce que le bonheur ? Je suis prête à tout pour l'obtenir. »

JG — Le bonheur est le reflet immobile de notre vie intérieure, ce courant qui coule sans bruit au fond de l'esprit, dans ce fond intime de nous-même où nous ne descendons pas ; là où se forme et se mûrit la pensée qui révèle en nous les attributs divins. Le bonheur est plus que le plaisir, que la paix, plus que la surabondance ; un contentement d'être et qui se suffit. Un monde de silence où chaque chose est à sa place et jouit de la vie. Observant le philosophe Maurice Blondel, je pouvais écouter et contempler un homme heureux habitant l'Être universel, et toutefois ami du singulier ; réenfantant l'idée du Tout dans chaque parcelle d'être ; perpétuellement tendu et cependant libre ; occupé sans cesse d'atteindre au-dedans de soi la Transcendance et toutefois attentif au détail.

JJA — N'y a-t-il pas une grande différence, chez les individus, quant à la conception du bonheur et à la manière d'en jouir ?

JG — Il est en effet difficile de comparer les bonheurs entre eux. Le bonheur des saints est supérieur au bonheur des savants, lui-même supérieur au bonheur des sportifs. Pour Pascal, le bonheur suprême se confond avec la charité, l'amour, l'ordre de la sainteté. Mais aussi l'ascension de la nature vers la surnature, de la liberté vers la grâce, de l'immanence vers la transcendance.

JJA — Quel est votre secret *ordinaire* du bonheur ?

JG — Le bonheur vient par surcroît s'ajouter aux actions de celui qui ne le cherche pas. Le bonheur est d'abord simplicité. Bonheur des enfants. « Tout bonheur est innocence », disait Marguerite Yourcenar. Éviter les plaisirs inutiles. Revenir à la vie simple. Finalement, l'art de vivre le plus simple et le plus difficile, c'est de vivre au jour le jour, comme le petit enfant, le lys et la colombe, parce qu'à chaque instant suffit son espoir ou sa joie. Cela n'est pas passivité. On accepte la vie et ses accidents, on les utilise. Il faut savoir attendre, puis transfigurer. Et si nous sommes un jour appelés aux grandes choses, c'est par les petites qu'il faut s'y introduire en les exécutant de notre mieux.

JJA — Tout cela n'est-il pas un peu égoïste ? On pense au fameux vers de Florian : « Pour vivre heureux, vivons cachés. » Et à celui d'Aristote : « Le bonheur est à ceux qui se suffisent à eux-mêmes. »

JG — Oui. C'est pourquoi, à cette sagesse païenne, l'expérience chrétienne ajoute cette folie : s'oublier, s'abandonner, se donner. C'est le secret du bonheur des saints. Le bonheur est un état de grâce tendre et fragile. Avant tout, c'est un effet du cœur. Il ne peut y avoir de véritable bonheur stable et durable que dans le bonheur partagé.

JJA — Ce qui implique l'oubli de soi et ramène au détachement.

JG — Il n'est en effet de bonheur durable que dans le détachement : ne pas avoir, c'est être. Epictète disait : « Le bonheur ne consiste pas à acquérir ni à jouir, mais à ne rien désirer, car il consiste à être libre. » Il demande aussi de la sincérité : être vrai. Et d'abord avec soi-même. Ne jamais chercher à briller sous une fausse apparence. Ne pas porter de masque. N'être pas l'esclave d'un personnage dont on veut jouer le rôle. « Le bonheur, soulignait Romain Rolland, est de connaître ses limites et de les aimer. » Cependant, se transformer, progresser discrètement vers le haut en augmentant sans cesse le trésor de ses acquisitions intellectuelles, morales, artistiques et naturellement spirituelles, ce que Socrate appelait « avoir la démangeaison des ailes ».

JJA — Revenons à la question naïve d'Héloïse. Quel conseil pratique donneriez-vous à un jeune pour trouver le bonheur ?

JG — Il faut d'abord se découvrir une raison de vivre. Savoir ce que l'on veut et le vouloir avec passion, de manière à identifier le travail et le plaisir, c'est l'art suprême du bonheur. Être soi-même en découvrant la racine de ses différences. Choisir, puis maîtriser une vocation qui assure votre place dans le monde et votre utilité.

JJA — Mais que faire s'il n'y a pas de vocation précise ?

JG — Il faut alors laisser au conseil, à un certain hasard, à la conspiration des circonstances de vous forcer à choisir cette voie unique où vous travaillerez chaque jour avec habileté et courage. Aujourd'hui, le monde demande des spécialistes. Pour éviter le chômage, il faut accroître sans cesse ses compétences, mais aussi les diversifier pour s'adapter.

JJA — N'est-il pas risqué de trop se spécialiser ?

JG — En effet. C'est pourquoi, utilisant ses loisirs, il faut cultiver les vocations que l'on n'a pas choisies. Combien sommeillent toujours en nous, toutes vivantes ! Ainsi, si vous choisissez la carrière des lettres, gardez votre esprit ouvert aux sciences. Vous rendrez les lettres plus vigoureuses et plus vraies. Si vous choisissez les sciences, aimez la splendeur du langage, l'infini poétique. Vous donnerez aux sciences une force de frappe et de persuasion qui vous distinguera et fera votre bonheur. Si vous êtes actif, voire activiste, cultivez en secret un esprit de solitude et de contemplation. Vous donnerez à votre métier une dimension en profondeur. Soyez donc à la fois spécialiste et ouvert à l'universel. Vous compenserez ainsi le dessèchement. Ce monde a aussi besoin d'esprits amples et larges qui, autour d'un appel dominateur, auront su récupérer les appels délaissés.

JJA — D'autres conseils pour le bonheur ?

JG — À l'école, que tous, maîtres et élèves, cherchent ensemble ce qui est vrai. Intellectuels, ayez une activité manuelle. Manuels, lisez, cultivez-vous. Que vous habitiez un village ou un immeuble, travaillez à la solidarité entre tous. N'attendez pas que la gentillesse et l'aide viennent à vous d'abord. Donnez-vous le premier sans réserve. Plus tard, que votre bureau, votre usine ou votre ferme ne soit pas le lieu d'une lutte entre patron et salariés, mais communauté fraternelle de travail.

JJA — Cependant, que faire en cas de malheur, ou simplement d'épreuves ?

JG — Vous pouvez toujours dire avec Charles Perrault : « On n'est heureux qu'autant qu'on a souffert. » Si vous êtes seul dans les ténèbres, tenez-vous debout en pensant aux absents qui vous regardent et puisez des forces en vous-même. Si vous êtes dans un lieu où l'on souffre ensemble, veillez à ce que les larmes ne soient pas solitaires, pour que la douleur de chacun s'allège en portant celle des autres. Aux isolés, aux amers, aux aigris, à ceux qui se croient vaincus par l'existence, dites : « Que d'inconnus encore vous attendent ! »

JJA — Et aux personnes âgées : « Il y a bien des services que vous puissiez rendre encore. »

JG — Si vous ne pouvez agir par des actes, que se soit par des paroles. Et si vous ne pouvez agir par des paroles, que ce soit par votre présence silencieuse.

JJA — Le bonheur n'est pas donné sans effort. Il se gagne. C'est une conquête permanente. Il faut réfléchir avant d'agir. L'homme est créé libre ; non pas physiquement, car il dépend de mille contraintes ; cependant, il est libre spirituellement.

JG — Tout au moins, il a la vocation de l'être.

JJA — On peut être heureux et libre en prison ; on peut être malheureux au sommet du pouvoir et des richesses, en oubliant le conseil de saint Augustin : « Le bonheur, c'est de continuer à désirer ce qu'on possède. » Certes, on est souvent opprimé par les événements ou par les hommes, mais on peut y échapper. Les véritables contraintes sont le fruit de nos décisions. Celui qui choisit la violence la connaîtra en retour. Celui qui choisit l'argent souffrira un jour de son manque. Celui qui choisit le mensonge en deviendra prisonnier.

JG — Celui qui choisit l'égoïsme ne connaîtra jamais l'amour. Il n'y a pas de bonheur sans amour. Pour le chrétien, le plus haut bonheur c'est d'aimer Dieu et de se sentir aimé par lui. Et ce qui en découle : son prochain. Et aussi son lointain, jusqu'à son ennemi.

JJA — Il existe encore beaucoup de petits bonheurs. Aimer un animal familier. Regarder vivre un animal sauvage sans essayer de le tuer ou de le capturer.

JG — Par une nuit bien noire, loin de la ville, se coucher sur l'herbe ou la mousse et regarder les étoiles. Éclater de bonheur devant la beauté, le mystère, le miracle du cosmos !

JJA — Contempler du haut d'une colline le miroitement de la mer. La beauté de la campagne française, miracle d'harmonie. S'offrir au soleil, notre dieu païen !

JG — Voir revenir le soleil après la pluie, après l'hiver, après la nuit.

JJA — Écouter chanter la grive musicienne au petit matin, ou un rossignol dans la nuit. L'hymne au soleil de la cigale ou de l'alouette. Une sonate pour flûte de Vivaldi, quelques mesures de Bach sur un vieux clavecin. Écouter le silence de la nuit, seulement troublé par le battement de son cœur, le bruissement du sang dans les veines.

JG — Écouter la vie ! Respirer à fond l'air pur dans la campagne ou sur le bord de mer. Distinguer alors les essences des plantes, le parfum des fleurs, l'odeur forte des algues. Regarder tomber la pluie sur le jardin desséché par l'été et sentir monter les odeurs d'humus et de vie.

JJA — Poser ses mains sur un rocher baigné par le soleil et recevoir la force tellurique de la terre. Sentir sur sa peau le vent du large qui fait avancer le voilier. S'immerger dans l'eau tiède de la mer pour y retrouver le bonheur fœtal perdu. Croquer lentement une pomme ou boire de l'eau fraîche. Manger du pain frais pétri par un artisan boulanger. Il existe aussi beaucoup de petits bonheurs faits de tous petits riens. Sauver une mésange tombée du nid, un ver de terre égaré sur la route ou un petit chat abandonné. Errer dans une ville étrangère, croiser des inconnus, échanger avec eux un sourire amical.

JG — Dénicher un vieux livre chez un bouquiniste, un auteur oublié, et s'en délecter le soir.

JJA — Mais d'où vient ce plaisir de sentir si vivement l'émotion des petites choses de la vie ? Pourquoi a-t-on soudain conscience que c'est important, et pourquoi cette prise de conscience nous comble-t-elle de bonheur ?

JG — Parce que nous avons soudain trouvé du sens dans l'insignifiant ; du projet dans le plus petit des hasards, de l'événement dans la ténuité des choses, qui conspirent dans l'invisible pour former le réel, convergeant au cœur de nous-même jusqu'à y faire naître un besoin irrépressible : le désir d'une réalité invisible qui débouche sur l'Être, l'Être infini et multiforme que nous ne verrons pas ici-bas face à face, mais dont nous pouvons jouir par les merveilles de sa création.

*

Notre livre était terminé, et nos dialogues. À regret, nous nous retrouvâmes devant la fenêtre, face au parc du Luxembourg. Je le contemplai sous les derniers rayons du soleil, qui perçaient sous la brume. Jean Guitton partagea mon émotion et me dit :

— Cela aussi est bonheur. La création est nouvelle, toujours, au coucher du soleil. Il la transfigure. Voyez ces arbres, ces vieux murs. Leur opacité reflète, réfracte la lumière.

Je lui pris la main et la serrai longuement. Il souriait. Sous la peau diaphane je sentis battre la vie, ce miracle, ce mystère. Avide de lumière, je repartais le soir-même pour le Sud, le soleil. Je murmurai :

— Je connais maintenant votre rêve de bonheur.

Il me répondit avec un sourire énigmatique :

— Je ne mélange pas le rêve et le bonheur. Le bonheur est dans le cœur ! Et c'est à chacun d'y répondre dans le secret de sa vie.

Bibliographie

ALAIN, *Propos* (l'esprit et les passions ; les passions et la sagesse. (Gallimard, bibl. de la Pléiade.)

ARISTOTE, *Grande morale. Ethique de Nicomaque* (Garnier 1965).

BERGSON, *Les Deux Sources de la morale et de la religion*, (P.U.F. 1970).

BERNARD saint, *Traité de l'amour de Dieu* (Seuil 1992).

COMTE-SPONVILLE André, *Petit traité des grandes vertus*, PUF 1995).

DESCARTES R., *Traité des passions*. (Bibliothèque des Lettres, 1948).

JANKELÉVITCH V., *Traité des vertus* (Flammarion 1986).

JEAN-PAUL II, *N'ayez pas peur* (Laffont 1992).

KANT, *Doctrine de la vertu* (Vrin 1968).

KANT, *Fondement de la métaphysique des mœurs* (Vrin 1980).

LA BRUYÈRE, *Caractères* (Garnier 1990).

LE SENNE R., *Traité de morale générale* (Paris 1942).

MONTAIGNE, *Essais* (PUF 1978).

MONTESQUIEU, *L'esprit des lois* (Classiques Larousse 1954).

PASCAL, *Pensées* (Hachette 1967).

ROUGIER Stan, *Accroche ta vie à une étoile*, entretiens avec J.P. et R. Cartier (Albin Michel 1995).

SPINOZA, *Ethique* (Garnier-Flammarion 1965).

THOMAS D'AQUIN saint, *Somme théologique* (Cerf 1985).

COLLECTIFS

Catéchisme de l'Église catholique (Cité du Vatican et Ed. Mame et Plon, 1992).
Dictionnaires des citations : Larousse 1975, Marabout 1960, 1984 et 1987, Nathan 1985.
Dictionnaire de spiritualité ascétique et mystique (Beauchesne 1953).
Grand Larousse illustré.
Quid (R. Laffont).

Table

ŒUVRES DE JEAN GUITTON

Les œuvres marquées d'un ⋆ sont dans les 6 tomes des œuvres complètes, DDB 1978.

1933. *Le temps et l'éternité chez Plotin et S. Augustin.* (Boivin). ⋆ IV. Aubier 1955.
1933. *La philosophie de Leibniz.*
1934. *Le Cantique des cantiques.* (Gabalda).
1935. *Actualité de saint Augustin* (Grasset). Id. 1955.
1934 à 1950. *La pensée moderne et le catholicisme.* (Aubier) :
  1. *Perspectives.* (1934).
  2. *Newman et Renan.* (1938). ⋆II.
  3. *La pensée de M. Loisy.* (1936). ⋆II.
  4. *Critique de la critique.* (1937). ⋆II.
  5. *Le problème de la connaissance et de la pensée religieuse.*
  6. *Le problème de Jésus et le fondement du témoignage chrétien (1946). ⋆II.*
  7. *Développement des idées dans l'Ancien Testament* (1947).
1935. *Le livre des vocations. (Cerf).*
1935. *Portrait d'une mère.* (Ed. Provençales, Aix.)
1939. *L'Église et l'Évangile.* (Grasset). Id. 1959. ⋆II.
1941. *Portrait de M. Pouget.* (Gallimard). Id. 1954, 1985 et poche. ⋆I.
1941. *Justification du temps.* (P.U.F.)
1943. *Journal de captivité, 1942-1943.* (Aubier). ⋆V.
1945. *Pages pour les jeunes.* (Ed. Provençales, puis Aubier).
1946. *Conseils à deux enfants.* (Ed. Provençales.)
1946. *Nouvel art de penser.* (Aubier). ⋆III.
1946. *Le problème de Jésus.* (Aubier.) ⋆II.
1946. *La philosophie de Newman.* (Boivin). (Thèse de doctorat.)
1947. *Césarine.* (Aubier).
1948. *Difficulté de croire.* (Plon).
1948. *La vie et l'esprit de Robert Lambry.* (Casterman).
1948. *Essai sur l'amour humain.* (Aubier). ⋆III. Et poche.
1949. *L'existence temporelle.* (Aubier). Id. 1989. ⋆IV.
1949. *La Vierge Marie.* (Aubier). ⋆VI. Et poche.
1951. *Pascal et Leibniz.* (Aubier).

1951. *Le travail intellectuel.* (Aubier). Id. 1986. *III.
1952. *La famille et l'amour.* (Foi vivante).
1954. *Dialogues avec M. Pouget.* (Grasset). *I.
1956. *Jésus.* (Grasset). Id. 1970 et poche.
1956. *Invitation à la pensée et à la vie.* (Fayard). *III.
1957. *Le cardinal Saliège.* (Grasset). *VI.
1957. *L'abbé Thellier de Poncheville.* (Fayard).
1957. *Apprendre à vivre et à penser.* (Fayard).
1959. *Journal, études et rencontres, 1952-55.* (Plon). *V.
1968. *Journal, études et rencontres, 1955-57.* (Plon). *V.
1959. *L'Église et l'Évangile. (Grasset).*
1959. *Le père de La Chaize* (Beauchesne.)
1960. *La vocation de Bergson.* (Gallimard). *I.
1960. *Platon.* (Buchet Chastel.) *IV.
1961. *Problème et mystère de Jeanne d'Arc.* (Fayard). Id. 1979. *VI.
1961. *Une femme dans la maison.* (Chalet). Id. 1970.
1961. *Une mère dans sa vallée.* (Aubier). Fayard 1978. *I.
1962. *Regard sur le concile.* (Aubier). *VI.
1962. *Génie de Pascal.* (Aubier).
1962. *Dialogue avec les précurseurs.* (Aubier). *VI.
1962. *Regard sur le concile.* (Aubier). *VI.
1962. *Léon Bérard.* *I.
1963. *Images de la Vierge.* (Sun).
1963. *Le Christ écartelé.* (Perrin). Rééd. 1981 : *Crise dans l'Église.* *VI.
1963. *Vers l'unité dans l'amour.* (Grasset). *VI.
1963. *L'Église et les laïcs.* (DDB). Id. 1970. *VI.
1964. *Ratisbonne.* (SOS). *VI.
1965. *Siloé, heures de méditation en Terre Sainte* (Perrin). *VI.
1966. *Livre d'heures.* (Fayard.) *VI.
1967. *Dialogues avec Paul VI.* (Fayard). *VI.
1968. *Développement de la pensée occidentale* (Beauchesne). Id.
1968. *Développement de la pensée occidentale.* (Beauchesne.)
1969. *La pensée et la guerre.* (DDB). *III. (Cours de l'École de guerre.)
1969. *La dernière heure.* *III.
1970. *Histoire et destinée.* (DDB).
1970. *Regard sur la pensée.*

1970. *Critique religieuse.* (DDB.)
1970. *Profils parallèles* (Fayard) : *Newman et Renan* (rééd.), *Pascal et Leibniz* (rééd.), *Teilhard et Bergson, Claudel et Heidegger.*
1971. *Ce que je crois.* (Grasset).
1971. *L'amour divin.* *III.
1972. *Le catholicisme.* (DDB.)
1973. *Rue du Bac ou la superstition dépassée.* (SOS).
1974. *Écrire comme on se souvient.* (Fayard). *V.
1974. *Paul VI et l'Année sainte.* (Fayard.)
1974. *Prières pour l'Année sainte.* (DDB).
1976. *Discours de réception à l'Académie française.*
1976. *Journal de ma vie* (DDB).
1977. *Nouvel éloge de la philosophie.* *IV.
1977. *Philosophie de la résurrection.* *IV.
1979. *Le clair et l'obscur.* (Aubier).
1980. *Paul VI secret.* (DDB).
1981. *Jugements.* (Gallimard).
1982. *L'éternel dilemme.*
1984. *Pages brûlées.* (Albin Michel.)
1984. *L'absurde et le mystère.* (DDB).
1985. *L'humble Marie* (R. de Gou.)
1985. *Portrait de Marthe Robin.* (Grasset).
1986. *Œcuménisme.* (DDB).
1986. *Silence sur l'essentiel.* (DDB).
1987. *Le Christ de ma vie.* (Desclée).
1987. *Le Nouveau Testament, une nouvelle lecture* (DDB).
1988. *Un siècle, une vie.* (Laffont). *V.
1989. *Terra Sancta* (Carnets de voyages illustr., 1935). Laffont.
1989. *Portraits et circonstances.* (DDB.)
1990. *L'Évangile dans ma vie.* (Cerf.)
1991. *Dieu et la science* (avec Y. et G. Bogdanov). (Grasset).
1991. *L'impur* (DDB).
1992. *Portrait du père Lagrange.* (R. Laffont.)
1992. *Mon petit catéchisme.* (Cerf). (Dialogue avec un enfant.)
1993. *Les Pouvoirs mystérieux de la foi* (avec J.J. Antier). (Perrin).
1993. *Lettres ouvertes* (Payot).
1993. *Justification du temps.* (PUF).
1994. *Celui qui croyait au ciel et celui qui n'y croyait pas.* (Lattès). Avec J. Lanzmann.

1995. *Le génie de Thérèse de Lisieux.*
1995. *Chaque jour que Dieu fait* (Bartillat).
1996. *Le siècle qui s'annonce.* (Bartillat).

BIOGRAPHIE DE JEAN GUITTON :
1976. *Rencontre avec Jean Guitton*, par Norbert Calmels. (Fayard).

ŒUVRES DE JEAN-JACQUES ANTIER
(Avec la collaboration d'Yvette Antier)

SPIRITUALITÉ

Lérins, l'île sainte de la Côte d'Azur (Éditions SOS 1973 et 1988).

Carrel cet inconnu (Ed. SOS 1973).

Le Pèlerinage retrouvé (Le Centurion 1979). Préface de Jean Guitton.

La Soif de Dieu (Le Cerf 1981).

L'Appel de Dieu (Le Cerf 1982).

Marthe Robin, le voyage immobile (Perrin 1991. Ed. augmentée 1996. France-Loisir 1992. Éd. J'ai lu 1997. Préface de Jean Guitton.

Les Pouvoirs mystérieux de la foi (Perrin 1992. Grand livre du mois 1993. Pocket 1994). Avec Jean Guitton.

Carrel ou la tentation de l'absolu (Rocher 1994).

La Croisade des innocents, 1212 (Presses de la Cite 1996, V.D.B. 1996.)

Charles de Foucauld (Perrin 1997, Grand livre du mois 1997.)

HISTOIRE MARITIME

L'Amiral de Grasse, (Plon 1965, EMOM 1971, Rombaldi 1974, Ouest-France 1991.)

Les Porte-Avions et la maîtrise des mers (R. Laffont 1967.)

Histoire mondiale du sous-marin (R. Laffont 1968.)

Histoire maritime de la Première Guerre mondiale. Avec Paul Chack (France-Empire 1971. Réédition en album 1992.)

Marins de Provence et du Languedoc (Aubanel 1977.)

Les Sous-Mariniers (J. Grancher 1977. Club Hachette 1978. Ouest-France 1994.)

Au temps des voiliers long-courriers (France-Empire 1979. Ancre de marine 1991).

Au temps des premiers paquebots à vapeur (France-Empire 1982. Ancre de marine 1995).
Histoire de l'aviation navale (Ed. de la Cité/Ouest-France 1983). Album.
L'Aventure héroïque des sous-marins français (EMOM 1984. Ouest-France 1992).
Le Sabordage de la flotte française (Ed. de la Cité 1986, Ed. Ouest-France 1991).
Grandes heures de la course au large. (Perrin 1988).

AUX PRESSES DE LA CITÉ, collection J. Balland

Les Convois de Mourmansk (1981, Presses Pocket 1982).
La Bataille de Malte (1982).
La Bataille des Philippines (1985).
L'Aventure kamikaze (1986).
Pearl Harbor (1988).
Le Drame de Mers el-Kébir (1990).
La Flotte se saborde (1992).

HISTOIRE RÉGIONALE

Le Comté de Nice (France-Empire 1970 et 1992).
La Côte d'Azur, ombres et lumières (France-Empire 1972).
Les Iles de Lérins (Solar 1974 et 1979).
Grandes heures des îles de Lérins (Perrin 1975. Éditions de May 1988).
Histoires d'amour de la Côte d'Azur (Presses de la Cité 1976).
Autant en apporte la mer (La peste de Marseille 1720.) (Presses de la Cité 1993.) Sélection du livre du Reader's Digest 1995. V.D.B. 1995. (Pocket 1996.)

ROMANS MARITIMES

Les Prisonniers de l'horizon (France-Empire 1971. Ancre de marine 1991.)

Les Seigneurs de la mer (France-Empire 1976. Ancre de marine 1992).

Opération avion sous-marin (France-Empire 1980).

Le Rendez-vous de Marie-Galante (A paraître aux Presses de la Cité).

Cet ouvrage a été composé par
Nord Compo (Villeneuve-d'Ascq)
et imprimé par **Bussière Camedan Imprimeries**
à Saint-Amand-Montrond (Cher)

Achevé d'imprimer en avril 1998

N° d'édition : 1352. N° d'impression : 982302/1.
Dépôt légal : avril 1998.
Imprimé en France